Interviews
with
China's
Top
Innovative
Scholars

颜晓川／著

中国拔尖创新人才“访谈录”

江苏凤凰教育出版社
Phoenix Education Publishing, Ltd

图书在版编目（CIP）数据

中国拔尖创新人才访谈录 / 颜晓川著. — 南京：江苏凤凰教育出版社，2023.10

ISBN 978-7-5743-0724-7

Ⅰ. ①中… Ⅱ. ①颜… Ⅲ. ①高等学校—人才培养—研究—中国 Ⅳ. ①G649.2

中国国家版本馆CIP数据核字（2023）第172419号

书　　名　中国拔尖创新人才访谈录
作　　者　颜晓川
策　　划　戎文敏　李明非
责任编辑　吴文昊
装帧设计　许　畅
出版发行　江苏凤凰教育出版社（南京市湖南路 1 号 A 楼　邮编 210009）
苏教网址　http://www.1088.com.cn
印　　刷　江苏凤凰新华印务集团有限公司
厂　　址　中国江苏南京经济技术开发区尧新大道 399 号，邮编：210038
开　　本　787 毫米 × 1092 毫米　1/16
印　　张　21
版　　次　2023 年 10 月第 1 版
印　　次　2023 年 10 月第 1 次印刷
书　　号　ISBN 978-7-5743-0724-7
定　　价　68.00 元
网店地址　http://jsfhjycbs.tmall.com
公 众 号　苏教服务（微信号：jsfhjyfw）
邮购电话　025-85406265，025-85400774
盗版举报　025-83658579

序　言

在我国，与拔尖创新人才相关的政策、研究、教育项目等正在如火如荼地进行着。从党的二十大报告强调“培养拔尖创新人才，聚天下英才而用之”，到近几年如雨后春笋般出现的以“拔尖创新人才”为主题的教育学研究，再到教育部与全国三十多所重点高校共同推出的“强基计划”[1]，我们可以看到，拔尖创新人才的培养，是从中央到地方的各级教育单位的要务。

但是，现有的对于拔尖创新人才的研究与讨论，有两个重要的局限。首先，当前大多数研究都是对于拔尖创新人才的二手资料[2]的间接研究，而本书来自对于拔尖创新人才的直接研究。对于二手资料间接研究的一个重要问题是，它们只能看到“有记载”且“好统计”的变量。例如，当前对于拔尖创新人才的研究与讨论，大都局限在这些拔尖创新人才“有没有上过大学”“有没有读过博士”“有没有上过名校”“有没有出国上过学”之类的变量，因为这些是最容易的，甚至能从二手资料中直接找到这些数据变量。而这些变量往往缺乏与当前讨论的相关性。而这也是为什么本书作者决定不以二手资料作为主要的研究对象，而要将拔尖人才本人作为调研对象的原因。

第二，现有的对于拔尖创新人才的研究，几乎没有基于学科或行业的差异进行分殊讨论的。而本书作者对于拔尖创新人才的直接研究，揭示了一个重要事实：不存在脱离了具体学科情境或行业场域的“人才”。本书作者的调研结果显示：不同的学科、专业或行业对于“人才”[3]的定义、标准和要求是有显著不同的，且很多时候还是互斥的。因此“学科拔尖人才”概念是让有关“拔尖创新人才”的讨论具有意义的框架。事实上，国际上主流的对于“拔尖创新人才”的讨论，确实就是遵循“学科领域拔尖人才”的框架来进行的。因此，通过将研究与讨论落实到“学科拔尖人才”上，例如“数学拔尖人才”“物理学拔尖人才”，本书有效避免了脱离具体学科场域与情境的空泛的“拔尖人才”讨论。

对于读者而言，本书的阅读意义主要在于以下几点。

首先，本书对于教育研究者的意义有两层。第一是促进基于具体学科情境的拔尖创新人才的主题讨论。第二是为这一主题的研究与讨论提供基础的研究素材。本书作者对于全球各学科领域的拔尖创新人才（含诺奖得主、各国院士百余位）的访谈实录，也会逐渐通过出版渠道呈现出来。

第二，本书对于中小学教师的意义在于帮助其拓宽对于“拔尖创新人才”的概念认知。目前中国多数的中小学教师，对于“拔尖创新人才”的认识还停留在“考试分数”或者“学科竞赛”的层面上。但是，就如我们本书的第一章就有北京大学数学学院院长陈大岳指出的，“考试分数”或“学科竞赛”最多只算“依葫芦画瓢”，与“拔尖创新”没有关系。而真正的“拔尖创新”的定义是：能否在某个领域里“解决新问题”“创造新方法”“开拓新领域”等。因此，本书希望通过呈现各学科领域的真正的拔尖创新人才，以及他们真实的选材标准[4]，来拓宽中小学教师对于“拔尖创新人才”的概念认知，并因此丰富他们的教育理念与教学实践。

第三，本书对于学生与家长的意义在于帮助他们认识各学科领域真实的人才需求与选拔标准。各阶段的学生都需要进行学业规划[5]。然而，目前，中国学生普遍缺乏对于不同候选学科的真实人才需求的认知。这不仅导致了学生无法做出正确的专业选择，更让他们在“综合评价”“强基计划”等的申请和面试中无法体现或证明自己在所申请的学业方向上具有“拔尖创新”的潜力，并因此无法获得录取。本书对于各领域的拔尖创新人才本人以及他们的选材标准的调研实录，可为学生进行学业方向规划以及构建他们的申请竞争力提供基础性的框架与指引。

1. 强基计划被官方定义为基础科学领域的“拔尖创新人才的培养新路径”。
2. 例如中科院官方网站上各位院士的“个人简介”等。
3. 含“拔尖人才”。
4. 高校各专业的教授就是“综合评价”“强基计划”等的面试官与评分人。
5. 高考选科、大学专业选择、第二专业选择、辅修选择、跨专业考研和出国等。

目录

第一章 数学 陈大岳

003 ▲▲▲ ○ 调研过程与议题
005 ▲▲▲ 1. 院校差异
007 ▲▲▲ 2. 学科差异
010 ▲▲▲ 3. 拔尖创新
014 ▲▲▲ 4. 个体天赋
017 ▲▲▲ 5. 目的动机
021 ▲▲▲ 6. 配套兜底
024 ▲▲▲ 7. 应用数学

第二章 物理学 吴小山

029 ▲▲▲ ○ 调研过程与议题
031 ▲▲▲ 1. 核心特质
035 ▲▲▲ 2. 人才需求
038 ▲▲▲ 3. 超越应试
041 ▲▲▲ 4. 回归基础

第三章 天文学

顾秋生

047 ▲▲▲ ○ 调研过程与议题
049 ▲▲▲ 1. 学科根源
052 ▲▲▲ 2. 基础能力
056 ▲▲▲ 3. 真实选拔

第四章 化学

黎乐民

063 ▲▲▲ ○ 调研过程与议题
067 ▲▲▲ 1. 宏大叙事
071 ▲▲▲ 2. 新的叙事
074 ▲▲▲ 3. 维系基数（1）
078 ▲▲▲ 4. 维系基数（2）
081 ▲▲▲ 5. 个体定位
084 ▲▲▲ 6. 跟随工作
086 ▲▲▲ 7. 学科适配

088 ▴▴▴ 8. 目标适配
091 ▴▴▴ 9. 途径认同
094 ▴▴▴ 10. 角色站位
099 ▴▴▴ 11. 知识技能
101 ▴▴▴ 12. 进入本质
108 ▴▴▴ 13. 已有成就
112 ▴▴▴ 14. 深层创新
116 ▴▴▴ 15. 总结

第五章 / 生物学

金力

121 ▴▴▴ ○ 调研过程与议题
123 ▴▴▴ 1. 发展阶段
126 ▴▴▴ 2. 复杂程度
129 ▴▴▴ 3. 显学
133 ▴▴▴ 4. 两个层面
136 ▴▴▴ 5. 田野工作
139 ▴▴▴ 6. 周期性

142 ▲▲▲ 7. 科研条件
145 ▲▲▲ 8. 本科教育
147 ▲▲▲ 9. 独立思考

第六章 / 大气科学

林金泰

151 ▲▲▲ ○ 调研过程与议题
154 ▲▲▲ 1. 认知缺失
158 ▲▲▲ 2. 认知偏差
160 ▲▲▲ 3. 现实入口
166 ▲▲▲ 4. 视角框架
173 ▲▲▲ 5. 发展机会
180 ▲▲▲ 6. 设施发展
183 ▲▲▲ 7. 多要素性
188 ▲▲▲ 8. 不确切性
193 ▲▲▲ 9. 模式构建
199 ▲▲▲ 10. 独立判断
202 ▲▲▲ 11. 论证说服

第七章 地质学

张立飞

207 ▲▲▲ ○ 调研过程与议题

212 ▲▲▲ 1. 认知匮乏

215 ▲▲▲ 2. 科普项目

218 ▲▲▲ 3. 选拔失效

222 ▲▲▲ 4. 基础知识

224 ▲▲▲ 5. 基础学科

227 ▲▲▲ 6. 地质对象

231 ▲▲▲ 7. 对象视角

235 ▲▲▲ 8. 区域特征

238 ▲▲▲ 9. 贯穿案例

243 ▲▲▲ 10. 地球物理

247 ▲▲▲ 11. 地理科学

250 ▲▲▲ 12. 复杂模糊

254 ▲▲▲ 13. 复杂叠加

258 ▲▲▲ 14. 工作环境

262 ▲▲▲ 15. 应用方向

264 ▲▲▲ 16. 个人规划

268 ▲▲▲ 17. 学科工作

第八章 心理学

周仁来

275 ▲▲▲ ○ 调研过程与议题

279 ▲▲▲ 1. 实证科学

283 ▲▲▲ 2. 实证思维

286 ▲▲▲ 3. 人本关注

289 ▲▲▲ 4. 文理贯穿

291 ▲▲▲ 5. 人文性质

294 ▲▲▲ 6. 柔性思维

297 ▲▲▲ 7. 个体特征

300 ▲▲▲ 8. 特征案例

304 ▲▲▲ 9. 规律思维

308 ▲▲▲ 10. 原理思维

311 ▲▲▲ 11. 社会工程

315 ▲▲▲ 12. 发展方向

318 ▲▲▲ 13. 科研上手

321 ▲▲▲ 14. 主观能动

数学

MATHEMATICS

第一章

1

陈大岳

陈大岳，北京大学数学科学学院教授、院长。复旦大学数学系学士，美国加州大学洛杉矶分校（UCLA）博士。享受政府特殊津贴的专家。曾任中国数学会秘书长、副理事长。曾任中国概率统计学会副理事长。曾任《数学进展》主编。北京市师德先进个人。国家级教学成果获奖者。教育部第三届“高校青年教师奖”得主。北京市科技进步二等奖得主。

调研过程与议题

调研过程与议题

在教育部的《全国高校学科评估》中，北京大学在数学领域排名全国第一名。因此，北京大学的数学科学学院是我们进行数学领域的拔尖创新人才调研的国内选址之一❶。除了国内的选址，我们还在美国的麻省理工学院（MIT）和哈佛大学进行了对数学拔尖创新人才的调研。麻省理工学院（MIT）和哈佛大学在数学领域分别排名世界第一名和世界第二名❷。

在北京大学数学科学学院的学科调研中，我们对包括其院长陈大岳教授在内的多位师生进行了学科调研访谈。由于数学对于整个理学范畴的奠基性的角色，我们决定将对于数学拔尖创新人才的调研章节（本卷选择了对陈大岳院长的专访）放到本卷的第一章。实际上，中国教育部对于理学门类各学科的分类和排序，也将数学排在首位，并将其编为理学内的 01 号学科。

作为我们对于拔尖创新人才的讨论的起点，本章会首先探讨构建基于学科特质的拔尖创新人才培养模型的可行性（第一、二小节）。同时，作为本书的第一个章节，我们也会呈现高校层面的拔尖创新人才和拔尖创新人才培养者对于“拔尖创新人才”这一概念的认知（第三小节）❸。实际上，这一认知和其他各学科的拔尖创新人才对于“拔尖创新人才”这一概念的理解较为接近，因此本章所调研的学者对于该概念的认知，可作为读者阅读本书各章节的基础认知。

接下来，我们聚焦于数学领域本身，并试图为该领域的拔尖创新人才培养的模式构建要素❹模型。就这一议题，陈大岳院长首先从学生个体的特质层面，指出了成为数学拔尖创新人才的两个要素：思维天赋和内部动机（第四、五小节）。然后，他从社会的制度配套层面，指出了孵化数学拔尖创新人才所需的兜底机制（第六小节）。最后，他也对纯数学和应用数学的拔尖创新人才的形成要素做出了区分（第七小节），而这种区分在人才选拔制度中的落实，可以为这两个相关的领域构建更高质量的生源体系。

❶ 另外一处调研选址为清华大学的“丘成桐数学科学中心”。

❷ 根据《QS世界大学排名》中的数学学科排名。

❸ 实际上，我们发现，高校对于拔尖创新人才的认知，与中学对于拔尖创新人才的认知有明显的差异。这导致基础教育和高等教育在拔尖人才培养上没有完全形成合力，很多时候反而是相互矛盾、相互消耗的。

❹ 特指在当前已有的人才培养体系中还较为欠缺的要素。

1. 院校差异

在调研中，我们时常遇到一个问题：同一学科在不同高校，是否有本质差异？如果本质性的差异较大，则较难构建出可适用于不同高校的拔尖创新人才培养模式；如果差异不大，则可能构建出具有跨高校普适性的模型。因此，我们在对各领域的拔尖创新人才进行调研时，也将这一议题规划进了我们的调研大纲。在这里，陈大岳院长认为，数学学科在不同高校之间的学科共性远大于高校与高校之间的差异。

颜晓川：不同高校的数学有没有本质的差异？

陈大岳：没有本质的差异。只能是说各个学校水平有所不同。此外，每个学校的侧重点可能有所不同。因为历史原因，某个学校可能某些方面擅长一些，某些方面薄弱一些。但是，数学本身在不同的学校中没有本质的不同。

颜晓川：人才培养的过程（指本科阶段）不会有太大差异？

陈大岳：不应该有什么差异。当然，个体的感悟会不同，或者某些老师的风格会不同。

颜晓川：学科的基本方法、基本思想和基本目标是一致的？那么，也就是说只要是数学学科，学生在不同的高校受到的培养，是较为相近的。

陈大岳：是。比如说我们北大自己招研究生的时候，全国这些原来传统的重点大学的学生，我们都是非常认可的。就是我们认为他们的教学的水准和教学的内容和我们还是很接近的，所以至少你刚提到的复旦，甚至吉林大学、南京大学、南开大学等，我们都认为是很接近的。

这里，陈大岳院长指出了两个事实：

1）不同院校的数学学科在本质上并无差异。

2）不同院校的差异在于实现该本质的程度。

实际上，通过这一轮对于不同学科的拔尖创新人才的调研，我们发现，几乎所有学科的学者都认为，高校之间的差异相比于学科之间的差异，并不明显，也不关键。因此，高校的特异性，并不构成对构建具有跨高校普适性的学科拔尖创新人才培养模型的障碍。

2. 学科差异

在上一小节的议题中，我们讨论了院校差异。在本小节的议题中，我们关注另一种差异：学科差异。当前与拔尖创新人才培养有关的研究，主要是脱离了学科情境的普适性讨论，而基于学科特质的拔尖创新人才研究极少。但是，我们在调研中发现，各学科拔尖创新人才普遍认为，学科的特质决定了学科的人才需求，也就决定了该学科的拔尖人才培养模式该有的基本要素。因此，脱离了学科情境的拔尖创新人才的研究，往往是没有实践指导意义的。这里，我们与陈大岳院长讨论了数学和在学科分类上与它较为接近的学科之间的本质差异。

颜晓川：中国社会上常把“数理化”放到一起，而且很多高校也把数学和物理放到同一个院系。您认为，数学和理学的其他学科（例如物理、化学等）相比，在特质上是否有较大不同？

陈大岳：有很大不同！我们这里把“数理化”排在一起，只是因为国内的习惯做法。你在美国你就知道，Math（数学）和 Science（科学）是单独分开来看的。你看在美国是这几个：M、S、T——Math、Science、Technology（科技）。它不大把 Math 和 Science 合在一起的。

颜晓川：为什么不合在一起呢？

陈大岳：因为数学和其他科学有很大差异！数学的研究对象是抽象的，自然界具体的东西不是数学研究的对象。

颜晓川：抽象的？

陈大岳：数学这种东西有什么用？在现实当中，不一定马上有应用，甚至不一定能看见。

颜晓川：除了研究对象之外，研究的过程，比如验证的过程，也是不同的？

陈大岳：是。数学的结论本身是没办法验证的，我们是靠过程是否严格来判断。如果过程严格，结论我们就相信是对的。但是，你看物理、化学，它最后如果跟现实东西相吻合，就是好的理论。

颜晓川：结论没法验证？

陈大岳：因为我没办法在现实世界来验证，因为刚才讲的，我们（数学）的对象是抽象的。

颜晓川：所以数学需要的思维模式和能力也是不一样的？

陈大岳：对。我们感兴趣是这种抽象推导的能力。

陈大岳院长在此提到了数学与“其他科学”不同的三个特质：

1）数学的研究对象是抽象的；

2）数学的验证模式是“离现实性”的；

3）数学的人才需求是抽象推导的能力。

这里较难理解的是第 2 点里的“离现实性”。什么是“验证模式”的“离现实性”呢？我们举一个例子来对这个概念进行阐释。

例题：以下哪一个属于自然科学命题，哪一个属于数学命题？

a）小明有三个苹果。

b）如果小明有三个苹果，那小明至少有三个水果。

要回答这道题，我们需要判断，哪一个陈述是抽象性的，哪一个是现实性的。如何判断呢？我们可以通过前面讲的“验证模式的离现实性”这一标准。比如，我们如果要判断（验证）陈述 a 是否为真，我们就需要找到小明，打开他的包包，看他是否有三个苹果。所以，我们对于陈述 a 的验证模式，是现实性的。

但是，要判断（验证）陈述 b 是否为真，我们需要找到小明吗？不需要。我们甚至不需要知道是否真的有小明这个人存在。我们只需要进行抽象的推导：苹果属于水果（A 属于 B）——因此 A 是 B 的子集——因此 B 是 A 的全集——全集大于等于子集——因此 B 大于等于 A——因此小明的水果的数量一定大于等于苹果的数量——因此就能判断陈述 b 为真。所以，我们对陈述 b 的验证，并不需要和现实中的小明有任何接触，因此是脱离了现实的，也就是“离现实性”的验证模式。这就是陈大岳院长所说的“我没办法在现实中来验证”。这是数学和自然科学（物理、化学等）的一个根本差异。

通过对各院校的拔尖创新人才和拔尖创新人才培养者的访谈，我们发现，绝大多数拔尖创新人才认为，各学科专业所需要的能力、选拔标准、培养模式等，都有极大的差异，有的甚至还是相互矛盾的（例如越往 A 学科的方向培养，就越不适合做 B 学科）。因此，我们需要再次强调：脱离了学科情境的“拔尖创新人才培养”的研究，往往是缺乏实践指导意义的。

3. 拔尖创新

拔尖创新人才培养是整个教育体系（包括基础教育与高等教育）的共同目标。但是，中国的基础教育对于“拔尖创新人才”的定义还普遍停留在高考分数和中学奥赛的得奖上。显然，这与我国政府提出的“拔尖创新人才”概念背道而驰。一位长期涉足中国拔尖人才培养议题的省重点中学的校长直言，“国内的中学教师和校长对于‘拔尖创新人才’的理解，依然较为狭隘”。

这导致虽然中国教育部和各省教育主管部门向基础教育体系提供了与“拔尖创新人才培养”有关的政策和专项资金，但是现状是，这些资源最终还是被各中学用于培养奥赛和高考的做题选手。这种对于拔尖创新人才的认识的“狭隘性”，导致基础教育和高等教育很难在这一目标上形成合力。

因此，这里我们将“什么是数学的拔尖创新人才”纳入了调研大纲，为基础教育体系提供一些来自高等教育体系的观点，帮助基础教育的实施者跳出升学率（包括重本率、清北率等）、竞赛奖项这一狭隘的“拔尖创新人才”的思路和框架。在这个议题下，我们对所调研的较多学者提出了“在您的领域，什么才算是‘拔尖创新’”这一具体问题。

颜晓川：对于数学而言，什么样的成果才算是高层次的？

陈大岳：数学的研究有四个层次，最低一层就是照猫画虎，就是有个样子，我照着做差不多。第二个层次是解决新问题。更高一个层次是创造新方法。最高一个层次是开辟新领域。

颜晓川：照猫画虎就是用以前别人解决某一个问题的方法去解决一个类似的问题。那么更高一个层次就是？

陈大岳：更高一个层次就是解决新问题。就是说，工具很可能是已经现成的，问题是一个全新的问题，用已有的一些工具，通过各种组合去解决一个问题，我们大部分数学工作者，大概就是到这个份上。

颜晓川：比如把在这篇论文里面谈到的一个方法和那篇论文里面谈到的另一个方法结合起来，就可以处理第三篇论文里提到的一个问题？

陈大岳：很可能是这样。然后是创造新方法。创造新方法这样的事情恐怕我们国内的就不多见了。很少有人能拍拍胸脯说，你看这方法是我想出来的，别人现在在用我的方法。就是说有些方法是某人首创又在别的场合还能行之有效。这样的成果，在我们看来，就比解决一个问题层次更高。就像授之以渔和授人以鱼，一个是你能捞到一条鱼，一个就你在打鱼的工具上有更好的发明。

颜晓川：更高一层就是开辟新领域？

陈大岳：这么讲，就是说开辟新领域，这个国内恐怕……国内数学家里头恐怕没有几个能在世界范围内得到认可，说某某领域是中国人参与开辟的。

颜晓川：这个有例子吗？

陈大岳：有，比如说华罗庚，他是多复变。

颜晓川：多复变？

陈大岳：多复变函数研究的开创者之一。

颜晓川：这一层开辟新领域，和上一层创造新方法的差别是？

陈大岳：这个是新的领域，刚刚说的第三个层次是新方法。

颜晓川：新的领域是指研究对象是新的？

陈大岳：研究对象是全新的。应该说他是第一个或最早几个看到了，向大家指出了这个地方值得研究；他未必做得有多深入，但是他是第一个踩到这个领域的人。

颜晓川：所谓值得研究，是一个什么样的意义才算是“值得研究”的？

陈大岳：假如说这个事情以后一而再再而三出现，你的结果不得不被引用，那就是值得研究。

颜晓川：所以就是说，他发现或构建的对象，在这个学科的知识结构和发展路径上，有一种不可或缺性吗？

陈大岳：这个就是说，一个好的东西，最后会成为学科的一个不可或缺的组成部分。而你是第一个向同人指出这是重要领域，我们应该注意，那就是一个聪明❶！比如，我们的群，数学群论里的群，就是Galois❷在他决斗之前写下的一些提法，其中包括群这个概念，而这个概念现在是一个没办法躲过去的概念。

颜晓川：就是他能看到，在学科体系大厦修建的过程中，这个东西会是一个很重要的支柱？

陈大岳：对，是不可替代的领域。他是第一个指出来的。你可以显示聪明的地方很多，但是真正能最早看到对人类知识大厦这个建筑过程当中一种不可回避的一部分的，就不多了。

陈大岳院长在这一议题中提到了两种不同的“聪明”，其中包括真正的“拔尖创新人才”的核心定义，也包括广义的聪明，例如中学考试的应试分数所体现出来的“聪明”。而我们进一步对更多的数学家，例如数学界最高奖菲尔兹奖得主等的调研显示，数学界的拔尖创新人才普遍认为，中学考试的应试分数，与真正的拔尖创新人才的能力的相关性是比较低的。也就是说，中国基础教育把大量时间、资源用于培养应试技巧上的“聪明”，对于拔尖创新人才的培养的贡献是很有限的。

应试类的聪明（高考分数高、数学奥赛得奖等）是中国基础教育长期关注的，且十分擅长的领域。这是中国社会并不稀缺，甚至在产业升级的背景下，需求越来越小的能力。而真正的“拔尖创新”的能力（发明新方法、开拓新领域等），则是中国社会长期以来极度稀缺（在某些领域甚至是零记录）的能力。因此，我们在后面的调研议题中，会进一步围绕“如何培养、构建此类能力”而展开。

❶ 这里的“聪明”其实概括了所谓“拔尖创新”概念的核心。
❷ 法国数学家，群论的创立者，20岁时死于与人决斗。

4. 个体天赋

学生在高中阶段，其大脑特征、思维习惯、知识积累的方向性特征就已经有所显现，因此，学科的特征和学生个体的特征的契合，是拔尖人才培养体系（含人才选拔体系）必须要关注的。社会上常见的基于录取分数线、就业率、起薪等数据来选择专业的方式，反而忽略了最重要的“特质适配”维度。而这让拔尖创新人才培养体系面临因学科和学生之间的特质错配而造成的无才可用的境地。这里，陈大岳院长用“天才”“水性”“天赋”“某些人”“独特的劳动”等词语，来强调了数学学科中的拔尖创新性质的工作对于与其学科特质相适配的个人天赋的需求。

颜晓川：数学研究还是需要一定的天赋？

陈大岳：这个我一直跟同学们讲，就像我们游泳需要水性一样，做数学研究也有某种感觉。有些人在这方面适应，就可能跨得比较快；有些人就是在这方面适应差一些，始终迈不出这一步。所以并不是人人想当数学家最后都能当数学家。要当好的数学家肯定还是需要一定天赋的。

颜晓川：要做出创新性的、突破性的成果，还是需要与数学相适配的天赋？

陈大岳：我想是这样，任何一个接受了必要的数学训练的人，都可以从事一些初步的工作，但是数学里面我们看得见的这种大的突破，恐怕……还是由一些天才来完成的。

颜晓川：这种创新性的突破，难点在哪里？

陈大岳：最难的一件事情就是不知道这件事情对还是不对。我经常跟大家讲，说这个像咱们守球门。点球的时候，你是往左扑还是往右扑？难就难在，我要想全力以赴去证一个命题的时候，我不知道这个命题是对还是不对。

颜晓川：这种洞察的能力是很稀缺的？只有少部分有天赋的人才具有？

陈大岳：数学，像个大楼的话，大部分的毕业生大概就在砌砖；但是真正奠基性的工作，这些大的创新和突破，还是来自某些人的一些非常独特的劳动。

颜晓川：这些“独特的劳动”，和中学数学这种“已知这道题是一定能做出来，我再去做”的这种能力，有本质上的差异？

陈大岳：有很大差异。谁先看到了？谁先证出来？你看到了，又知道能证，让你去找另外一个人来做，他大概也能做出来。但是在别人都还没做成之前，有人抢先看得出，这就是一个非凡的能力。

颜晓川：你觉得这两种不同的过程，对学生的天赋和能力的要求，是否有不同？

陈大岳：要求很不一样。

近期的神经科学研究通过核磁共振等现代科技手段，对数学学科的拔尖创新人才的大脑结构和特征进行了研究。例如，Amalric 和 Dehaene（2016）❶将数学拔尖创新人才和其他学科的拔尖创新人才的大脑结构和特征进行对比研究后发现，数学拔尖创新人才的大脑在一些特定区域与其他学科拔尖创新人才的大脑有显著不同。就像举重和长跑对于人的体质特征的需求不同一样，不同的学科对于人的智力特征的需求也不一样。然而，我们当前的高校招生录取选拔制度，较少对报考学生的智力特征与其报考学科之间的适配性进行考核❷。而我们的调研结果和相关心理学、神经科学研究结果都指出，很多学科的拔尖创新性质的工作，都依赖于学生具有与该学科适配的天赋（智力特征）。因此，有效的拔尖创新人才培养体系必须包含学生－学科适配度的考核机制。

❶ Amalric, Marie, and Stanislas Dehaene. “Origins of the brain networks for advanced mathematics in expert mathematicians.” Proceedings of the National Academy of Sciences 113. 18 (2016): 4909-4917.

❷ 在数学领域，我们所调研的拔尖创新人才普遍认为，中学的数学考试（包括奥赛）并不是较好的选拔该领域创新人才的评价体系。

5. 目的动机

我们在调研中发现，中国大陆的学生大多将学科专业作为一个工具或者跳板。例如，他们学习某个专业，是为了“拿文凭”“找工作”“赚钱”，也有为了“给家里扬眉吐气”，或者“建设祖国，让国家更富强”，但是极少有为了这个学科本身而学习的。

然而，我们在对全球一流的拔尖创新人才调研的过程中发现，真正能做出拔尖创新工作的人，几乎全是为了学科本身而进入的。他们所做的研究本身，就是他们最终极的目标，而不是为了达到另外的目标的跳板。这里，陈大岳院长指出了学生学习数学专业的三个不同层次的动机。

陈大岳：Motivated students（有动机的学生）会把自己的潜力发挥出来。

颜晓川：现在学生选择数学专业，大都有哪些常见的动机？

陈大岳：大概分了三个层次。最低一层是，他自己的心态是希望有份稳定的工作。第二层次是说我想显示比别人聪明。再高一个层次，就是说我生来就是来解决这个问题的。

颜晓川：能具体讲一讲这三个层次吗？

陈大岳：每个人的认识本身，就是有不同层次的。可能最低层次的，是希望通过进入这个领域有一个稳定的工作。数学家现在也是个职业。还有的人是希望比别人聪明。数学是一个展示自己聪明才干的平台。有些问题，我先想到了，我的这个想法后来被别人利用，被别人引用，别人都会提到我的名字。所以，这一层次是想出名，想展示自己的聪明，有这种成分的动机在里面。更高层次应该说纯粹是出于兴趣，他的天赋就在于这方面。我刚才说数学研究对象是抽象的，我们是看不见的，但是天才的话，他可以先于别人看见。

颜晓川：动机为第三层的人，最容易做出创新的成果？

陈大岳：你去看张益唐❶。一件很轰动的事情，就是在美国有一位讲师，他做了很好的工作，准确讲应该是改革开放以来，中国大陆培养的数学家里头，做得最好的一件事情。那他是怎么做的？他就是在美国一个学校，当着临时工，相当于国内的代课老师，他自己在代课之余有兴趣去琢磨数学问题。在这之前美国社会也没有给他特殊的待遇。

我觉得科学研究更多的是一些人对科学本身的动力，尤其是数学。数学因为对外界条件要求不是那么高。像张益唐他就是有闲工夫去听报告，有闲工夫自己想问题，没人干扰。同时，张益唐其实是孤注一掷，全部身心都投入在解决问题上。所以，他其实对这个社会的要求并不高，他把所有精力都用来解决问题。像这样的动机的人，第一是在人群中很少；也不是我们大学教育就能教育出来的，是他自己自觉的行动。

颜晓川：真正能做出创新突破的人，往往他的动机是在数学本身，而不是在于能通过数学获得什么数学之外的，社会上的一些资源？

陈大岳：它是一种mission（使命）。更高境界的人，像张益唐，他没有跟社会讨价还价，说你得给我教授，你得给我工资，都没有。或者说你回过头看当年陈景润，他做的工作，没有任何人要他去做，是他自己想做。“文革”当中人家不让他做，他还偷偷摸摸做。所以真正做成事情的人都是这样的。我个人觉得像这种最高层次的数学家有点像小说家。曹雪芹写《红楼梦》的时候，并不指望靠着《红楼梦》来挣钱，或者靠《红楼梦》来解决什么，他就是凭着全部身心要做一件事情。

颜晓川：为什么只有这种第三层次的动机的人，才能在数学领域“做成事情”呢？

陈大岳：因为做这种事情的人有非常大可能性是做不成的，整个社会也根本不会予以关心，但是他们还是义无反顾去做了。比如，我接待过Andrew Wiles❷。Andrew Wiles是普林斯顿大学的教授，他证明了费尔马大定理。他是当上教授以后，七八年时间就做一件事情，就在证这个定理。

在这之前，这两三百年都没人解决，不是说没人去解决，而是这两三百年去碰这个问题的人都是以失败而告终。他在北大演讲时说，他自己之所以要去碰这个问题，就是他觉得自己生来就是来解决这个问题的，就是来解决费尔马大定理的。所以他这七八年间，是一下班，就回到家里躲在阁楼里想问

> 题，想这个问题。
>
> 而且，他最后宣布证出来以后，还被人家抓住个漏洞。所以杂志上登了两篇文章，第一篇是他的这个证明。然后他最后一个漏洞，他自己补不起来，是他的学生和他一起合写的一篇文章，把这个部分补上，这样才把这个问题算是彻底解决。正因为这个，他超过了 40 岁，因此他没得菲尔兹奖[3]。所以，这个就是说，数学的好的工作，都是有极大的风险的！冒这样的风险，都是个人自己的自觉自愿的选择，没有别人逼他这么做。而且是要明知有可能一事无成，还义无反顾去做。

在这一小节里，陈大岳院长指出，高层次的动机是持续专注投入的必要条件，而持续专注的投入是产生创新性突破的必要条件。把一个学科当作“拿文凭”“找工作”“赚钱”“扬眉吐气”的跳板的学生，很难像陈大岳院长讲的“明知有可能一事无成，还义无反顾去做”，更不可能像 Andrew Wiles 这样在一个不一定有回报的题目上持续投入近 10 年。而达不到这样的投入程度，也就几乎不可能做出拔尖创新的成果。

因此，高校对拔尖创新人才的培养和选拔，需要在学生的基本动机上有所辨别，把最有限的拔尖创新人才培养的优质教育资源分配给在各个层面（包含动机层面）最适配、最有可能成才的学生。但是，仅仅依靠传统的纸笔考试，是较难分辨出学生的动机类别和层次的。因此，综合评价模式里的申请材料和面试过程对人才选拔具有不可或缺的作用。

[1] 张益唐为著名美籍华裔数学家。

[2] Andrew Wiles 是全世界最著名的数学家之一，曾受邀来华并在北大举办讲座。

[3] 菲尔兹奖是数学界全球最高奖，但其要求之一为仅颁发给 40 岁以下的人。

6. 配套兜底

陈大岳院长前面谈到了，真正“做成事情”的人，几乎都是有较高层次的动机的。这种动机是持续性专注投入的原动力。但是，真正拥有这种原动力的人并不多，而且他认为，这种原动力并非学校能够直接培养出来，而是需要整个社会的一系列配套的条件和措施才能逐渐孕育孵化出来的。

陈大岳：所以在我看来，凡是嚷嚷说要条件才能做好科学的，本身就是属于前面的第一第二层次，不属于那个更高境界。

颜晓川：而这种更高境界的人在人群中的比例是比较低的？

陈大岳：任何一个群体，一定是从高到低，同时存在的。但是真正为了数学本身而献身的人是少之又少的。

颜晓川：那如何能有更多的这样的人呢？

陈大岳：所以从数学的角度来说，当然是希望扩大这个基数。

颜晓川：怎样才能扩大这个基数？

陈大岳：它需要各方面的这种激励因素。

颜晓川：比如，让没有“做成事情”的人也能有较好的出路？社会上对这个专业的毕业生有个完善的兜底的体系，这样大家就不会怕进入这个领域了？

陈大岳：我们是希望有更多的人来学数学，我也希望来学数学的同学都有好的出路。应该是鼓励不同的人去做不同的事情，不存在做某件事情比做另外一件事情好的现象。比如说刚才讲我们的科研很可能需要有更大的创造性，但是，如果我接受了数学训练，最后发现我没有太大的创造能力，我依然可以有出路，比如，我可以去做数学编辑。

颜晓川：数学编辑？

陈大岳：这也是一项很好的工作。我们有数学期刊、数学书籍，我们需要有人去进行数学科普。其实就是说应该有各式各样的人去做各式各样不同的工作。我们现在在对同学们进行多样性选择的引导方面，很不到位。我们整个社会对多样性的引导还很不到位。我们应该把人引导到合适的位置上。

颜晓川：反过来，对于那群真的有创造力的人，社会也应该为他们提供基本的生活资源？

陈大岳：刚才讲创造性，它其实是一个有巨大风险的过程。这个并不是所有的人都能扛得住的，所以这个是需要国家有一定的财力来养一帮闲人，这帮闲人还得有一定的闲心，不会说今天股市涨了，他的心也跟着波动。他应该是一个专注的人，他才可能在某些科学问题上有大的突破。

要培养出更多的拔尖创新人才，不仅需要学校方面的参与，还需要整个社会的基础性的配套体系的完善。这个配套体系有两个方面。第一个方面是对于扩大基数而言的兜底机制。只有当一个学科具有多样化、有纵深的就业支持体系时，才会有足够多的学生愿意进入该学科。第二个方面是对拔尖创新工作的生活资源的保障，让真正长期专注于某项创造性工作的人不轻易被干扰和打断。

7. 应用数学

虽然应用数学和纯数学之间没有明显的分界线，但是总体上讲，应用数学与纯数学对人才的需求还是有一定的差异。培养纯数学的拔尖创新人才，和培养应用数学的拔尖创新人才所需要的核心要素也有所不同。例如，应用数学在“抽象度”这一维度的难度往往不如纯数学，但是应用数学在另外一些方面的要求则是纯数学所没有的。在这一小节里，我们与陈大岳院长就这一议题进行了讨论。

陈大岳：刚才讲数学本身的研究对象是抽象的，但抽象本身还很不一样。比如说数学里头有分析、代数、几何很多块，大家就认为代数可能会更抽象一些。分析的话，至少实数或者自然数这种分析，大家觉得没有代数这么抽象。数学本身是个抽象的东西，而这个抽象的东西里的有些科目，离我们的现实更远。

颜晓川：那是不是，抽象度越低的问题或科目，它可能就在其他方面就更为复杂一点？

陈大岳：是，是。

颜晓川：那这种其他方面的复杂有哪些方面呢？

陈大岳：就像你调研提纲里提到的一个——应用数学。应用数学它是受制于现实的。比如John Nash[1]，他研究的对象是经济学里谋求利益最大化的个体，他是在一个很合理，一个大家可以接受的范围内把一些人的行为，用数学语言表示出来，并给出一个数学上严格的结论。这个结论在经济学上就很有用。基础数学是，我有什么什么假设，然后我有什么结论。这个更多的是表现出人的一种智力能力所能达到的……能看出逻辑关系来。应用数学更多的是，我不能随心所欲地做假设，我只能在已有的合理的社会条件下，假设一些东西，然后得出我要的结论。所以这是很不一样的。

颜晓川：所以能做好应用数学的人，他需要对现实有深入的洞察，才能知道什么样的假设是合理的，是大家可以接受的？

陈大岳：越是和现实靠近的东西，它的假设越需要合理。

颜晓川：而要有这个判断力，需要学生具有除了数学之外的认识和理解？

陈大岳：比如，我们数学在物理、化学、生物这些领域里有应用。那希望搞这些应用的人，他就要懂一点物理，懂一点化学，不能自己在那胡思乱想。研究纯数学的人则可以是全世界其他东西都不懂，只懂数学这一块。

颜晓川：应用数学相比纯数学，可能在抽象思维能力的需求上没有那么高，但是它要求学生对自己将数学应用过去的这个对象有一定的理解。

陈大岳：对，我们意识到这是我们现在教育当中的一个问题，那就是现在天天在喊跨学科交叉。但是国内这个……就比如说数学和化学，两个人走在一起，很难有共同语言。就是很可能数学家听不懂化学家在关心什么，这个化学家也不懂数学家的兴奋点在哪。就是尽管化学家觉得他的有些问题是跟数学有关，数学家可以帮助他解决某些问题，但是两个人坐在一起的时候，这方面的交流，学科和学科的差异，会让交流很困难。

颜晓川：这种交流困难，主要是表面的词汇的差异，还是思维本身的差异？

陈大岳：思维本身。

颜晓川：您有例子吗？

陈大岳：比如最典型的就是数学可能过于讲究严密，被一些细微的条件制约，不敢做大胆猜测。物理学家可能更擅长凭直觉把一些不重要的因素都抛弃掉，去抓住主要矛盾，这种学科的文化差异导致了隔阂。

应用数学对学生的“抽象思维”的能力或天赋的需求，可能不如纯数学那么高。但是应用数学对学生的要求不仅仅是具有抽象思维，还要有对现实的理解和洞察。因此，一个适合学习应用数学的，或者有潜力在应用数学领域做出成果的学生，除了对数学本身的志趣外，一般还会对一个或者多个可以将数学应用过去的现实对象（例如物理、化学、经济学等学科，或者是一些现实世界的具体的自然或社会现象）有一定的兴趣、理解和洞察。这也是高校在做人才选拔时，对于报考应用数学方向的学生，应该实施的一条评价维度。

❶ 世界著名数学家、经济学家，诺贝尔经济学奖得主，当代博弈论之父。

物理学

PHYSICS
第二章

2

物理学拔尖创新人才

调研实录

吴小山

吴小山，南京大学物理学院教授，前副院长。共发表论文（SCI）300余篇。曾获江苏省科技进步奖一等奖、教育部提名国家自然科学二等奖、教育部高等学校自然科学二等奖、中国分析测试基金一等奖等，获第四届南京市“十大科技之星”、第八届江苏省青年科技奖、江苏省教学成果一等奖、江苏省教学成果特等奖、国家教学成果二等奖、宝钢教师优秀教学奖等。曾入选南京微结构国家实验室唐仲英特聘教授，享受政府特殊津贴。先后担任中国晶体学会会员、理事，中国物理学会会员、理事，中国物理学会固体缺陷专业委员会副主任委员兼秘书长，IEEE国际磁学会南京分会主席（首届），教育部物理类专业教学指导委员会委员、副主任等学术兼职。

调研过程与议题

调研过程与议题

在教育部的《全国高校学科评估》中，南京大学在物理学领域排名全国第一名。因此，南京大学的物理学院是我们进行物理学拔尖创新人才调研的国内选址之一[1]。除了国内的选址外，我们还在美国的麻省理工学院（MIT）和哈佛大学进行了物理学拔尖创新人才的调研。麻省理工学院（MIT）和哈佛大学在物理学领域分别排名世界第一名和世界第二名[2]。

在南京大学物理学院的学科调研中，我们对包括时任副院长的吴小山教授在内的多位师生进行了学科调研访谈。由于物理学对整个自然科学范畴的学科（例如天文、化学、地球物理、大气科学等）的奠基性角色，我们决定将对物理学拔尖创新人才的调研章节放到本卷的第二章。实际上，中国教育部对理学门类各学科的分类和排序，也将物理学排在第二位，并将其编为理学内的 02 号学科。

在上一章里，我们讨论了构建基于学科特质的拔尖创新人才培养模式的要素模型的可能性。在本小节里，我们将讨论的主题聚焦在对物理学的学科特质和与其特质相适配的拔尖创新人才的培养模式的要素的梳理上。在第一小节里，吴小山副院长指出了物理学的一项核心的特质。在第二小节里，我们进一步讨论，由于具有这样的学科特质，物理学对于学生有什么样的需求。同时，吴小山副院长在这一小节中以一个问答为例，向我们展示了如何辨别一名学生是否在思维模式和能力上契合物理学的人才需求。在第三小节里，吴小山副院长分享了他自己进行学业规划和专业学习的经历。从他个人的成才路径中，我们可以看到，当前中国基础教育的基本理念和模式，其实在多个层面上都局限了学生在各个学科里投入的范围和深度。最后，基于物理学作为自然科学的基础的特征，我们讨论了物理学的核心思维模式的可迁移性，以及物理学的拔尖创新人才的培养模式为物理之外的其他领域培养拔尖创新人才的潜力。

❶ 另一国内选址为北京大学。

❷ 根据《QS 世界大学排名》的物理学学科排名。

1. 核心特质

我们在上一章中提到，每个学科的核心特质和人才需求都不同，因此脱离了学科情境的“拔尖创新人才培养”的讨论，都较难有实践意义。但是，当前教育学里关于“拔尖创新人才培养”的研究，几乎都是脱离了学科情境的普适性讨论，而基于学科特质的拔尖创新人才培养模式的探究，还较为稀少。这也是我们希望去填补的领域。

那么，具体到物理学，其核心特质、人才需求以及其拔尖创新人才所应该具有的能力有哪些呢？就这一议题，我们和吴小山副院长展开了讨论。

颜晓川：您认为物理学的核心特质是什么？

吴小山：物理这个东西，它本身是从简单的模型出发，来处理一些复杂的事情。这就是它的特点！物理在教学在学习的过程中，在它所有的解决问题的过程中，都是关注这个的。就像我们说，解决问题，要先解决主要矛盾，是吧？也许你主要矛盾解决了，其他矛盾跟着就解决了，或者其他矛盾自然而然就没有了。

颜晓川：对物理学来说，最重要的能力是把一个问题中最核心的要素给抓出来？

吴小山：对。所以物理学，最重要的就是，什么是主要的？我们怎么去抓主要的？这样的理念，对你解决其他的问题，都是有作用的。比如经济学，那么多人买股票，你说你是不是都要统计上？有的时候，你其实只能估计一下，或者说做一个统计模型。

颜晓川：抓住主要的要素之后，复杂的现象就能被规整为简单的模型？

吴小山：这就是物理比较美、比较漂亮的地方。

颜晓川：物理相比于数学呢？

吴小山：物理不像数学那么严格。数学的严格，有些时候，让学物理的人很受不了。因为有些东西，对于物理学家来说，他从概念上一眼就能看到，而数学家可能就要经过很多的论证，甚至有的时候还证不出来。

颜晓川：但是物理依赖数学语言来表述？

吴小山：对。数学对于物理是非常有用的。但是你要想，数学实际上在物理这儿是工具。

颜晓川：那同为自然科学，物理和化学相比呢？

吴小山：物理跟化学还不一样。化学从某种意义上来讲，我觉得不够大气，就是够不上那种宏观的考虑。

颜晓川：化学有更详细的知识点，更注重具体问题具体分析？

吴小山：对。

在上一章的第七小节——“应用数学”里，数学家陈大岳谈到了他对物理学和数学之间差异的理解：“数学可能过于讲究严密，被一些细微的条件所制约，不敢做大胆猜测。物理学家可能更擅长凭直觉把一些不重要的因素都抛弃掉，去抓住主要矛盾，这种学科间的文化差异导致了隔阂。”我们这里可以看出，数学家陈大岳和物理学家吴小山对两个学科的特质的认知是一致的。实际上，我们在广泛的学科调研中，我们调研的学者基本上都能在学科的特质上达成共识。这也是为什么我们认为基于学科特质的拔尖创新人才培养模式的探究是有意义且有可行性的。

就物理学的核心特质，吴小山院长提到了几个关键词。第一个是“抓主要的”。“抓主要的”这个理念被执行的基本结果就是物理会聚焦于宇宙中最根本的规律，而不是影响每一个具体事件或具体显现的特例性的具体因素。同时，物理在“根本性”的追求上，高于化学❶，因此吴小山副院长所述的物理的“大气”，则是其上一理念“抓主要的”的必然结果。

其次，物理学把“主要的”东西抓出来后，并非主要用文字来描述，而是用数学语言来描述。这就是吴小山副院长所讲的概念“模型”。这里，“模型”就是指用数学语言来描述一组现实世界里的关系❷。因此，物理依赖于数学，因此懂数学也是物理学科对人才的一个基本需求。但是，和数学学科不同的是，对于物理而言，数学不是目的，只是达到目的的手段（数学只是物理学描述真实世界里的各种关系的符号），因此发现、理解真实世界里的关系才是物理的根本目的。因此物理学家并不完全服从数学本身最理想的那种“严格”。

我们可以看到，哪怕是数学和物理这样最接近，甚至在社会中常常被一并提及的学科❸，实际上也有显著的差别。数学和物理所需要的思维方向、思维特质和具体的能力也有明显差别。所以，适合学习数学和适合学习物理的学生群体，并不完全重叠。根据斯坦福大学的一项相关研究❹，中学生如果不区分自身所适合的学科，例如适合学物理的学生进入数学系，或者适合学数学的学生进入物理系，都较难成才。更加剧这种学科错配的普遍性的事实是，中学的数学和物理课程对一个学生到底适合学数学还是学物理，并没有分辨力，也就是说，光是通过中学的考试分数，学生和高校都无法判断某个学生更适合学数学还是更适合学物理。

因此，当前“综合评价”选拔体系的“校测”部分，特别是考生报考的第一志愿的院系的教授参与的面试至关重要。例如，一个报考物理系的学生，在有较好的数学成绩之上，是否具有物理学的这种探索现实世界里的关系的动机和思维倾向，以及有没有“抓主要的”思维能力，是他是否适合学习物理的关键指标，也是他以后是否有潜力成为物理学拔尖创新人才的重要预示。这种在面谈过程中，基于学科特质和个人特质的即时的、灵活的、深度的交流与辨识，比单一的传统的纸笔考试对学科拔尖创新人才的选拔更为有效。

❶ 例如化学会研究化学键的规律，但是化学键本身是什么？化学键的力是如何通过量子力学的原理产生的？这些更根本的原理就是物理的范畴了。

❷ 比如力的大小、物体的质量和加速度的大小之间的关系——F=ma 等。

❸ 很多高校将数学和物理放在同一个院系中；社会上也经常出现“数理能力”“数理基础”等词汇，将数学和物理相提并论。

❹ Redish, Edward F., and Eric Kuo. “Language of physics, language of math: Disciplinary culture and dynamic epistemology.” Science & Education 24.5 (2015): 561-590.

2. 人才需求

我们在前一议题中探讨了物理学的一些基本的人才需求，比如数学能力、理解现实的能力、“抓主要”的能力等。这其中，有部分能力，例如数学能力，是可以通过一些量化的标准化考核体系（例如高考、奥赛等）来判别。但是另外一些能力，例如“抓主要”的能力，则是当前的应试体系无法识别的。那么，我们是否有办法判别学生是否具有这一思维特质和能力呢？

颜晓川：您前面提到了，要学好物理学，是需要能“抓主要的”。那么，你认为什么样的学生才会有能力去把主要的东西识别出来呢？

吴小山：我觉得最重要的一点就是，每一个东西，你一定要能真正地从最基本的地方，把它理解透。

颜晓川：什么是“最基本的地方”呢？你怎么判断一个学生是否是“从最基本的地方”来理解事物的呢？

吴小山：我随便举个例子。你比方说电阻。我们说电阻的时候，大家都会知道是个什么东西，对吧？但是，那我问你，什么叫电阻？你怎么解释？什么叫电阻？你，解释给我听听！当然，有的中学生会解释——

电阻就是I=U/R里的那个R。

颜晓川：学生如果只是说出了这个公式，只能说明他知道电阻怎么算，并不能说明他知道电阻是什么？

吴小山：并不知道电阻是怎么产生，怎么来的。你需要知道这个公式是怎么来的。那么，面对进一步的追问，我们的一些中学生可能会说，电流在移动的过程中受到阻碍，这种阻碍就叫电阻。这个时候，就深入了一步。好，那我再问你，受到了什么阻碍？

颜晓川：电子在运行过程中受到什么阻碍……

吴小山：好，这个时候，这个问题才扩展开了。首先这个电子的运动，为什么会运动？因为有一个电场，在电场的作用下做定向移动。但是除了定向移动之外，它还有自己的热运动，对不对？电子在运动的过程中，由于你这个材料它本身有很多的原子核，而原子核有势场，所以核外电子要受到核的势场的散射，对吧？把这些东西理解透以后，你再把这些东西都用数学的语言表达出来。

颜晓川：所以，这种从现实的最基本的层面去认知世界的能力，以及一层一层不停往下探的动力，才是能学好物理的基础。

吴小山：所以为什么说适合做物理的人，会觉得物理研究有意思呢，最重要的一点，就是他刚刚接触到这个东西，比如电阻。然后他会继续去想，这个电阻到底是怎么回事呢？他这样想了以后，就应该可以找到更深入的东西。然后他会再继续想，电流为什么会产生啊？这个散射是怎么回事啊？有哪些东西会来阻碍它呢？这样，他慢慢地就进入更根本的层面了，他脑子里就开始有一些东西了。

从上面的案例，我们可以看到，首先，当前中学物理的考试体系，并没有涉及物理学拔尖创新人才的核心能力。物理学需要"抓主要"的能力，而当前的中学物理考试的题目，都是已经帮学生筛选出主要变量之后形成的题目，这恰好避开了真正的物理学中最难的一点：从现实世界万千的变量中抓出最主要的几个变量的过程。

其次，通过与吴小山院长的讨论，我们可以看到，这种"抓主要"的能力的背后，是对现实现象的基础层面的理解。与常规的中学物理考试不同，吴小山院长举电阻为例，通过一系列不断靠近现象本质的"追问"，就能大致判断一个学生是否具有物理学所需要的思维倾向和能力。物理学在于理解课本里的公式是怎么来的，一个公式为什么会是它现在这个样子，这个公式描述的规律为什么会产生，等等，而不是把公式仅仅当成解题工具并把考试题目背得滚瓜烂熟。实际上，当前中国基础教育的深入骨髓的应试文化，已经对拔尖创新人才的培养和选拔造成了明显的阻碍，这也是为什么我们需要在传统的纸笔考试之外，改善拔尖创新人才选拔的模式和标准的原因。

3. 超越应试

中国社会的公众，甚至部分基础教育的实施者，例如中学校长，对拔尖创新人才定义的理解还局限在高考分数或奥赛获奖上。但是，我们对于真正的拔尖创新人才的调研却指出，这些拔尖创新人才，反而是一批离应试体系比较远的人。例如，我们调研的十余位物理学的拔尖创新人才，无一例外地都在中学，甚至在大学阶段，避免了让自己掉进应试体系的框架里。这种和应试体系保持的距离，反而让他们更容易走进真正的物理学。

吴小山：从某种意义上来讲，中国跟发达国家在中小学的教育上差别很大。这个反正在中国上了高中的都知道。最大的差异是什么呢？就是中国学生在高中的学习过程里面，谈不上什么兴趣，完全是为了高考，完全就是围绕着高考成绩去的。

颜晓川：您高中时也是完全围绕高考成绩的吗？

吴小山：我这人有一个特点，特别是到了高三的时候，我看书效果很好。我会把书看得比较透。我从来不问老师要什么，都是自己看书！所以每次考试都难不倒我。物理也还不错。化学的题，更是基本都不算难。

颜晓川：不算难是因为你备考充分，看了很多参考书，刷了很多题吗？还是像您刚才说的把这些概念从最根本的层面……

吴小山：我们当时是不用看参考书的。现在的高中生，都靠参考书来消化。我个人不认为这样有什么好处。至少从我的观点来讲，我们那个时候没有参考书，也没有习题集。基本就是课本，当然当时的课本讲概念，比现在的课本讲得更详细，更深入。所以我们那个时候高中比你们学得轻松，因为没有这么刷题。

颜晓川：在大学里呢，也是这样吗？

吴小山：就在物理专业里，我也谈不上用功。但是我的特点呢，还是喜欢自己看书。老师讲是一回事，我自己还会好好把书看一看。

颜晓川：您自己看书和学习，是会按照考试的大纲，比如什么是重点来吗？

吴小山：我方方面面都会去看，没有什么重点不重点的。而这个后来给了我很多优势。

就像吴小山副院长一样，不以应试为最终目标，才有可能回归到学科本身。回归到学科本身，才有可能深入下去。相反，如果是以考试为目标，以考试的重点或大纲为指导，那就是本末倒置，会阻碍对学科的深入探索。

应试模式对拔尖创新人才培养的阻碍在于：第一，传统的纸笔考试较难对各学科真正的核心能力进行考核。第二，考试大纲局限了学生在各学科里投入的范围和深度。因此，从学生的角度来说，如果把自己的动机完全屈服于应试的框架，以应试成功为最终目标，就会错过真正重要的能力的锻炼，离成为拔尖创新人才越来越远。

但是，应试体系的存在有其重要的，除培养和筛选人才之外的其他社会功能，因此它会持续存在。那么，在应试制度短期内依然是选拔的一个必要环节的情况下，高校应该针对拔尖创新人才构建更为完整有效的人才评价方式，而具有拔尖创新潜质的学生，也应该与应试体系、应试目标保持足够的心理距离。很多探究的过程对于应试结果并没有直接的影响，但是走进一个学科内核的重要过程。因此要尽量保持自己独立的，存在于应试目标之外的好奇心、思考、决策，并朝自己认为真正有意义的地方投入更多的时间精力。

4. 回归基础

基础学科不仅在知识层面服务于其他学科，在核心能力上，也服务于其他领域。如前篇议题所述，物理学有一种“大气”：关注“宏观”“根本”和“基础”性的规律。而这种关注和导向，正好与社会科学中关注“宏观”“根本”和“基础”性的规律的学科（典型案例为经济学、政治学）所需的能力一致。因此，物理学的毕业生，如果在物理学专业的学习过程中，真正走进了物理学的内核，将物理学的基础能力、思维模式和学科文化内化成为自己体内的东西，则在这些与物理学的基础能力相适配的其他领域里，也会具有竞争优势。所以，与学科拔尖创新人才有关的讨论，特别是与基础学科拔尖创新人才有关的讨论，不可或缺地应该触及其能力的“基础性”或“可迁移性”。

颜晓川：所以物理学不仅为物理学本身培养拔尖人才？

吴小山：我们学生毕业以后做各种各样事情的都有。成为经济学家的有，成为政治家的也有，像北京市以前的市委书记郭金龙，就是我们南大物理系的。民盟中央前主席、全国人大前副委员长蒋树声，也是我们南大物理系，67 届的。都是我们校友啊，都是学的物理。

颜晓川：经济学家、政治家这种制定经济、社会规则的人，也是需要能透过很复杂的现象，去看到事物最本质、最关键的那几个变量。

吴小山：学物理就是这样的，对不对？你说一辆汽车要开起来，是多么复杂的一件事情，对不对？但是，最主要的东西，他能抓住就行了。哪个是主动力？哪个是摩擦力？这些东西搞清楚就行了。其他的都不重要。人家美国在华尔街上做股票的，玩股票玩得最好的，都是学物理的。有几个原来就是搞经济的？对不对？

颜晓川：所以，把物理学科的核心内涵深刻理解并内化，可以帮助学生在其他领域取得成功？

吴小山：所以，如果说你脑袋比较好，将来也想在其他的方面有所发展的话，包括你讲的建筑，甚至经济、社会学，这些方面也都能发展得很好。如果有可能的话，如果你本科从物理开始，没有什么错。

颜晓川：除了经济学和政治学，物理学的基础能力在其他领域还有用武之地吗？

吴小山：像学历史的，如果说你本科就学历史，当然你可以按部就班，但如果你是学物理的，再去做历史，可能走的路就不一样。

颜晓川：能带来一种全新的视角？

吴小山：不只是视角。你处理问题的方法根本不一样。可能一个结论，对历史学家来讲，可能要好长时间，要经过好多过程，物理学家可能说，这就很简单了，一步就过去了。所以物理还是非常有用的。不是说只是这些年我一直浸泡在物理里面，我就说物理好。

颜晓川：我觉得说得很客观。

吴小山：物理思想，加上数学模型，再加上解决问题的一个思路，这些和你将来要做的事情结合起来，就可以做得很好。

对于高校而言，应该充分认识并且尊重各个学科的本质特征和核心思想。特别是在提倡跨学科的背景下，应该将“跨学科”的专业构建为将学科特质有机整合、深化的教育过程，而不是构建出将学科特质消解或弱化的“四不像”专业。

对于学生而言，要理解，像物理学这样几千年不灭的基础学科，通过几十个世纪沉淀下来的核心基础和内在思想，是无价的。“跨学科”不是让大家绕开各学科的核心基础，而是要在一个学科里，进入、深入、内化后，再跨到另一学科去的过程。

天文学

ASTRONOMY

第三章

3

天文学拔尖创新人才

调研实录

顾秋生

顾秋生，南京大学天文与空间科学学院教授、党委书记。本科、博士均毕业于南京大学天文系。曾在墨西哥国立自治大学天文研究所从事博士后工作。曾访问巴西佛罗里洛大学、欧洲南方天文台，多次访问美国哈佛－斯密松天体物理中心。曾任中国天文学会理事，曾担任星系宇宙学专业委员会副主任。2006年入选教育部“新世纪优秀人才计划”。主持国家基金委面上、重点项目和重大项目课题。参加“973计划”，并主持重点研发计划课题。

调研过程与议题

调研过程与议题

在教育部的《全国高校学科评估》中，南京大学在天文学领域排名全国第一名。因此，南京大学的天文与空间科学学院是我们进行天文学拔尖创新人才调研的国内选址。除了国内的选址外，我们还在美国的麻省理工学院（MIT）和哈佛大学进行了天文学的拔尖创新人才的调研。麻省理工学院（MIT）和哈佛大学在“物理学和天文学”领域分别排名世界第一名和世界第二名❶。

在南京大学天文与空间科学学院的学科调研中，我们对包括党委书记顾秋生教授在内的多位师生进行了学科调研访谈。由于天文学在学科实质上与物理学有极为密切的关系，我们将这两个章节安排在了本书相邻的位置。

首先，在第一小节里，顾秋生教授指出了天文学与物理学的相关性。天文学所关注的天文现象，实际上是物理理论的天然的实验场。宇宙中自然产生的事件，能达到人为的实验室无法达到的速度、温度、压力、密度等。因此，顾秋生教授指出，“天文对于整个物理学的发展至关重要”。也正是因为天文学和物理学的密切关联，我们在物理学的学科调研中发现的物理学的拔尖创新人才培养模式的关键要素，基本也都可以运用在天文领域。

在第二小节里，顾秋生教授指出了天文学的一些独有的特征，例如普遍的巨量的数据处理，国际交流非常频繁等。基于天文学的这些特质，以及其与物理学的关联，顾秋生教授指出了天文学的拔尖创新人才在基础知识技能层面的四个要素：1）数学；2）物理（包含物理拔尖创新人才成才所需的要素）；3）计算机；4）英语。

在第三小节里，顾秋生教授强调了以上四个基础知识技能，并非是天文学里成才的充分条件，只是必要条件。而就他的观察，真正有潜力成为天文学拔尖创新人才的学生，除了以上的基础能力外，大都还具有两个特质：1）具有显著的内部动机（而非外部动机）；2）具有较强的独立判断能力。而在这两点（内部动机和独立判断）的培养上，当前中国的基础教育整体是较弱的，甚至很多中学是在把学生往与这两个特质的相反方向去培养。这样就会让其学生离拔尖创新人才越来越远。

❶ 根据《QS世界大学排名》的“物理学与天文学”学科排名。

1. 学科根源

我们在上一章里对物理学家吴小山的调研的第四小节“回归基础”中提到，物理学的基本思想，例如关注宏观、根本和基础性的规律的倾向，使得它的毕业生在众多领域（包括经济学、政治学等）成为拔尖人才。但是，在这一点中，吴小山副院长强调的是，这种可迁移的基本能力和思维，并不是指物理知识本身，而是基本的方法和能力。例如，他指出：“你在大学里面学的这些物理知识，可能大学毕业以后未必用得上。除非你继续做科研啊，而且还要是做跟物理关系很强的科研，那么这个物理知识才可能用得上。”

那么，是否有学科不仅是能运用上物理学的思路和能力，而且连物理学本身的知识也能直接迁移运用呢？答案就是：天文学。天文学比经济学等更接近物理学，因为天文学不仅从方法论和思维模式上与物理学接近，连基础的知识和技能也与物理有极大的重叠。这也是为什么天文学的研究生有超过半数都是物理学的本科生的原因。这也是为什么我们认为，有关天文学的拔尖创新人才的培养模式的讨论，可以在很大程度上与物理学共用模型的原因。

颜晓川：为什么天文学的研究生很多来自物理学？

顾秋生：因为天文跟物理实在是分不开的。很多物理问题其实是天文的问题，天文里当然也有一部分是物理的问题，所以这两个学科的联系非常密切。

颜晓川：为什么说很多物理问题其实是天文问题？

顾秋生：现在很多物理的难题，在天文上可以找到一个很好的实验室，比如极端的环境，高温高密，或者高温低密，这种都是在天体上实现的。

颜晓川：比如高温、高密……就是说地球上的实验室达不到的那种高温或者高密度，在天文环境里就自然地形成？

顾秋生：比如像黑洞这样的（高密度），光都逃逸不出来，对吧？而且黑洞的一些极端的现象，如高速的喷流等，就是接近于光速的高速的运动……

颜晓川：我们可以通过观测这些天文现象来解释？

顾秋生：来解释物理规律，比如检验广义相对论等等，这都是在天文上首先实现的。比如光线的弯曲，比如透镜效应。在天文上就能够看到光线弯曲的现象。而通过光线弯曲现象，我们可以来解释（验证）爱因斯坦的广义相对论。

颜晓川：很多物理理论的预测，会在天文上得到证实，或者被驳倒。

顾秋生：对，包括这些年的一些诺贝尔物理学奖，都是关于宇宙的。利用天体，比如超星星来探测宇宙的膨胀、宇宙的起源等等。所以我相信天文对整个物理学的发展是至关重要的。

由于天文学和物理学共享大量的基础知识、思维模式，以及研究目标（如上述调研实录所述），我们在上一章里构建的关于“物理学”的拔尖创新人才培养与选拔模式的要点几乎都可以适用于天文学。因此，上一章里所述的“物理与数学的差异”“关注现实世界的倾向”“抓主要变量的能力”“宏观倾向”“追求根本性”“构建数学模型的能力”等，也都可以直接迁移过来，成为天文学拔尖创新人才培养与选拔模型中的核心要素。这里，我们可以直接把物理学的核心特质作为一个模块，构成天文学的核心特质的一部分。同时，我们也根据天文学与物理学的差异，来对该模块进行增补，最终形成更为适应天文学基本特征的人才培养与选拔模型。

2. 基础能力

天文学与物理学在很大程度上有重叠，甚至很多学者认为，天文学只是物理学的一个分支。在中国，目前开设天文学本科专业的，仅有四所大学（南京大学、北京大学、北京师范大学、中国科学技术大学），此外清华大学正在筹备本科天文主修专业，所以全国数千所大学中，仅有五所大学开设天文学本科专业，这是一个极小的比例。因此，至少在本科阶段，想学天文学的学生，大部分还是被归为物理学专业。因此，从全国来看，在本科教学与人才选拔的实践中，天文学总体是依托于物理学来进行的。

但是我们在调研中也发现，天文学学科也有一些自己较为独有的特征，这些特征，在物理学中也有一定的显现，但是没有天文学这么突出。在天文学这些较为突出的特征上，我们进行了天文学的特殊化处理，来从物理学的拔尖创新人才培养的模型出发，进行天文学方向的优化，使其更接近于天文学本身的学科特质与人才需求。

顾秋生：国家现在经济总量好了，所以有很多大的天文学的项目，包括 LAMOST 项目——LAMOST 是一个口径达 4 米的光学望远镜，它有 4 千根光纤，做光谱的。还有 FAST 项目（500 米口径球面射电望远镜）。我们国家现在还跟澳大利亚等国家一起合作，做 SKA 平方公里阵列射电望远镜等等，所以国际合作现在很多，国家在基础学科方面投入也很多。所以，高端优秀的天文人才肯定是需要的。但是，要的是高端优秀的人才！

颜晓川：什么样才算是高端优秀的人才？

顾秋生：无论是你写出高质量的文章，或者是获得一些优秀的成果，只要能得到你的国内同行跟国际同行的认可，我觉得就是优秀人才了。

颜晓川：学生从本科开始，需要积累到哪些东西，才有可能成为被“国内同行和国际同行认可”的人才？

顾秋生：本科阶段需要有几个关键的积累，其中最重要的是数学、物理、计算机和英语。

颜晓川：天文需要数学和物理很好解释，能谈谈为什么需要较强的计算机能力呢？

顾秋生：天文学现在都是海量的数据，非常庞大的数据！天文学越来越需要丰富的数据，越来越高清的数据。所以对计算机的要求也很高❶。

颜晓川：我们在学科调研中也发现，国内的天文学的学者大都强调英语能力的重要性，这个是因为天文学的国际交流比较多吗？

顾秋生：天文学的一个特点就是国际交流特别多。

颜晓川：这是不是因为每个国家的天文学家人数都不是特别多，所以国际合作比较多一点？

顾秋生：并不是因为各个国家研究人员不多，而是因为天文学科本身是一门以观测为主的学科，所以它的国际合作性很强。而且，它观测和研究的都是宇宙尺度上的东西，所以这里面没有什么可保密的，更多的是一种合作，所以国际合作会很多。

颜晓川：学生和教师的国际合作都非常多？

顾秋生：非常多！我们现在年轻教师都有机会到国外去访问，我们也经常接待国际访问，我们一些项目也是跟国外一起完成的。我们的本科生也都会有短期的交流机会。

颜晓川：您自己也有很多此类经历？

顾秋生：比如我去过哈佛的Smithsonian（天文台），在那里待过一年，这个你知道的。实际上，英语对我们天文学来说是非常重要的，因为我们的交流平台都是英文的期刊，所以对英文的要求很高。

颜晓川：满足您说的这四个基础能力模块：1）数学❷；2）物理❸；3）计算机；4）英语，就算是天文学“高端优秀”的人才了❹？

顾秋生：这还不是，但是可以作为优秀人才的后备军，可以作为备选人才了。

我们对国内外各顶尖高校的天文学专业的主要负责人的学科调研的结果，在这一点（基础能力）上达成一致。上述四个能力模块是天文学的拔尖创新人才形成的必要（但非充分）

条件。其中，数学能力模块和物理能力模块都有更细致的子模块❺，因此在构建天文学拔尖创新人才培养模型时，可以直接借用数学和物理的拔尖创新人才培养模型。

同时，我们也要看到，就如顾秋生书记所说，这些能力模块只是天文学拔尖创新人才的一个必要条件，但并非充分条件。其实，中国能够在这些能力模块上达到一定积累程度的学生并不少，但是最终做出“高端”或者“优秀”成果的人数则很少。也就是说，从具备这些基础能力到成为拔尖创新人才，还有一些关键要素。那么，这些真正决定拔尖创新人才产生的要素到底是什么呢?

❶ 我们调研的所有天文学家，从南京大学到哈佛大学，再到麻省理工学院，都强调了当代天文学所处理的数据量的庞大。实际上，哈佛大学天文学的教学，很大程度上是由其“天体物理计算中心”完成的。在这一点上，天文学比物理学作为一个整体更为突出。

❷ 数学能力模块的具体构成要素请参考第一章。

❸ 物理能力模块的具体构成要素请参考第二章。

❹ 我们调研的天文学拔尖创新人才，还提到了生命科学在天文学里的潜在应用。

❺ 在我编著的《学科选择与选拔》(理学卷)的“数学”和“物理”两章中有进一步的拆分和阐释。

3. 真实选拔

在上一议题中，我们讨论了天文学拔尖创新人才的四个基本能力模块。但是，这些能力模块只是优秀人才的"备选"，而非"达到"。那么，学生还需要具备什么样的个人特质，才比较有可能成为天文学的拔尖创新人才呢？这里，我们认为，这些天文学的拔尖创新人才他们自己是怎么选人的，是较为有说服力的参考。他们在录取学生时，除了上一议题里提到的基础能力以外，还观察或者考察什么样的个人特质？

颜晓川：如果你要录取学生，比如面试时，你会关注一个学生的哪些特质？

顾秋生：我想，第一是，这个小孩会不会有热情，对吧？这很重要！因为你要没有热情，你做什么工作都索然无味。我觉得对于天文，首先是要喜欢天文，要有天文的兴趣，因为天文以前是有钱人娱乐的东西，现在如果你自己真正地喜欢天文，是个天文爱好者，有这样的热心，有这样的追求，我觉得对于你学习数学、物理会非常有用，然后越学越有劲；但是如果你把它作为一个谋生的手段，也就没必要了。因为天文，其实我自己觉得还是比较辛苦的。

颜晓川：如果有热情，其实不会觉得是很辛苦的，甚至不会觉得是在为别人完成一项工作？

顾秋生：你可能会觉得搞天文的研究就是自由，因为你的思想是自由的，你的身子也是自由的，所以你可以做任何你想做的研究，因为天文里面可以研究的东西实在太多了。你可以满世界去参加各种各样的会议，然后在南半球北半球都有望远镜，可以申请望远镜时间，然后去观测，可以亲自操纵庞然大物，去浩瀚的宇宙里看到其中你想看到的目标。现在还有空间望远镜，美国已经放了好几个空间望远镜，包括日本也会有一些空间望远镜，所以你甚至可以用到空间望远镜去观测浩瀚的宇宙。

颜晓川：学生如何判断自己对天文是否有热情？是对天文现象本身的好奇，还是对背后的物理实质的好奇？

顾秋生：我想最初肯定是喜欢天文现象，对吧？想对浩瀚的宇宙进行了解，渴望能够获取这方面的知识。

颜晓川：比如什么样的现象？

顾秋生：我觉得是各种神秘的天体现象，对吧？从地球来说有极光、日全食这些，你对这种未知的现象是否有好奇？

颜晓川：更进一步的就是对更深入的、更根本的问题的好奇了？

顾秋生：天文就是研究宇宙的起源跟演化，所以有著名的"两暗一黑三起源"："两暗"是暗物质、暗能量，然后"黑"是指黑洞，"三起源"是宇宙的起源、人类的起源等等。

颜晓川：要回答这些问题，我们需要更好的观测手段才能有进展？

顾秋生：随着望远镜的发展，我们观测的本领越来越大。下面可能建造口径达30米的光学望远镜，这样会看到宇宙的边缘，对整个宇宙的起源，人类从哪来等等问题都会有帮助。

颜晓川：在有更好的观测手段，收集到更多、更高质量的数据之后，我们还需要用物理学的理论去对这些数据做研究？

顾秋生：天文学研究的领域，无论是从行星的形成，太阳系的形成，还是星系的形成，甚至是宇宙的形成，用的知识可能都是相同的，基础的物理知识都是一样的，因为你的物理规律都是一样的。你能把这些物理规律用到不同的现象里面去，会找到无穷的乐趣。

以上，我们看到，对天文的热情是顾秋生书记认为学生成才的第一指标，也是他本人选拔学生的第一标准。而这一“热情”又包含不同层面，第一层面首先是对天文现象，例如极光、日全食等的好奇；第二层面是对进一步探索这些现象所用到的观测手段（例如望远镜）有足够的兴趣；第三是对用基础的物理学理论来解释不同的天文天体现象的过程有热情。顾秋生书记认为，这一“热情”的整体模块，是构成天文学拔尖创新人才的必不可少的部分。

颜晓川：好的，第一是热情。还有其他方面吗？

顾秋生：然后第二方面他是不是有自己的想法，是否能够跟我有一些反馈，有一些交流。

颜晓川：不光是听话的。

顾秋生：不光是听话的，对。还有他自己能有一些很好的想法，能够……第一方面是能够及时地完成我交给他的事情，第二方面他能够主动提一些经过自己思考以后的问题。

颜晓川：有些独立思考能力，有点创新能力。

顾秋生：对这方面我会很看重。

我们这里把顾秋生书记讲的这两点——“热情”和“创新”放到同一个小节，是因为我们认为这两个特质相关性极高，因为热情是产生主动性的基础，而创造力或独立思考能力的实质，其实就是主动思考。所以学生是否具有真实的对天文学各个层面的“热情”，在最基础的层面上，决定了他们是否有可能成为拔尖创新人才。

然而，就是这个各个学科的拔尖创新人才最为看重的个人特质，反而是在中国当前的基础教育体系里最为稀缺的要素。因为受应试体系和中国更大的社会的基础文化的制约，学生的主动性、独立思考和对某一事物的执着的热情和追求（假设该事物是在应试大纲之外的），则普遍会受到教师与应试系统的打压。这对中国社会的拔尖创新人才的产生，是致命的打击。

那么，中国的中学教育系统为何会产生出这样的行为模式呢？实际上，这是因长期适应高校录取选拔制度而导致的。传统的纸笔考试（高考）制度很少关注学生的热情、内驱动力和独立思考，大多是以标准化考试里的标准答案为考查核心。这样的录取体系，通过几十年实践的沉淀，已经将中国的中学教育体系和考核体系带进了误区。

所以，在新的综合评价录取模式中嵌入高校校测，特别是嵌入由学生报考的第一志愿专业的教授来对学生进行“学科适配度”的面试，是从根本上打破这种误区的一个切入点。从拔尖创新人才培养的角度来看，这种学科适配度（包含对学科的主观能动性）的考核，须全面深入地实施下去。

化学

CHEMISTRY

第四章

4

化学拔尖创新人才

调研实录

黎乐民

黎乐民，中国科学院院士。现任北京大学化学与分子工程学院教授、博士生导师、院学术委员会主任，北京大学校学术委员会和理学部学术委员会委员，北京大学稀土化学研究中心主任。合作编著有《量子化学——基本原理和从头计算法》《量子化学——基本原理和从头计算法题解》《分子对称性群》等教材。兼任中国科学院化学学部常务委员会副主任；“稀土材料化学及应用”国家重点实验室学术委员会主任；“理论与计算化学”国家重点实验室学术委员会主任；中国材料研究会计算材料学分会副主任；《中国科学》（B辑：化学）执行副主编，《高等学校化学学报》《中国化学快报》和《分子科学学报》副主编。

调研过程与议题

调研过程与议题

在教育部的《全国高校学科评估》中，北京大学在化学领域排名全国第一名。因此，北京大学的化学学院是我们进行化学拔尖创新人才调研的国内选址之一[1]。除了国内的选址，我们还在美国的麻省理工学院（MIT）和加州理工学院（Caltech）进行了化学的拔尖创新人才的调研。麻省理工学院（MIT）在化学领域排名世界第一名；加州理工学院（Caltech）排名世界前十名[2]。

在北京大学的化学学科调研中，我们对包括黎乐民院士在内的十余位该学院的师生进行了学科调研访谈。黎乐民院士作为拔尖创新人才的案例，对我们进行化学学科拔尖创新人才成才要素模型的构建，有很大的启示。

首先，黎乐民院士进入化学领域的过程，受到了当年中国的“大建设”的宏大叙事的影响（第一小节）。这种宏大叙事将当时中国最优质的人力资源集中到了“科学技术”领域。但是，这种宏大叙事并没有一直持续。黎乐民院士认为，当前社会叙事方向已经发生了明显的变化，而这个变化导致科学技术领域对社会优质人力资源的占用比例变小（第二小节）。这对相关领域拔尖创新人才的培养，造成了一定的负面作用。那么，有什么办法可以扭转这样的变化，让更多优质的人力资源进入科学技术领域，从而构建更大的拔尖创新人才培养的“基数”呢？从黎乐民院士自身的经历来看，较为有效的方法之一是国家层面的大项目（第三小节），类似于他年轻时有上百万人员参与的“两弹一星”项目。此类项目具有周期性的人才聚集的效果。其次，从长期的视角来看，一个学科领域要持续性地维系其人口基数，更需要让那些没能成为拔尖创新人才的大部分人，有较为完善的就业的纵向深度（第四小节），以作为广泛的社会兜底机制。黎乐民院士认为，在这一点上，化学比其他很多基础学科要做得更好。

以上四个小节，主要体现的是拔尖创新人才成才的过程中，宏观层面的要素。而具体到个人，是否能从广大的“基数”中脱颖而出，成为“拔尖创新人才”，更依赖其自身的个体性的发展。所以，从黎乐民院士的成长经历中，我们可以看到，其进入“拔尖创新人才”行列的第一个标志，就是其“个体定位”的浮现（第五小节）。个体定位清晰，代表着“能在一个学科领域中看到自己的路”。在看到自己的路之后，按照科研工作的创新性的深度，可以分为“跟随性”的工作（第六小节）和“原创性”的工作。黎乐民院士提到，实际上，中华人民共和国成立后的大部分的科研成果，都是跟随性工作。国家层面的导向，例如社会意识形态、重大项目等，优势是能“集中力量”，能够构建较大的“基数”，结果是能够产出较大的生产或经济总量。但是，这并不能直接产生原创性的成果。那么，什么样的人才能做出“原创性”的成果呢？这便是我们后面几个小节的核心议题。

首先，黎乐民院士指出，当前中国社会中年轻人普遍缺乏独立思考，缺乏对自我和环境的认知（第七小节）。他认为，这是一个社会性问题。为什么这个问题对于拔尖创新人才培养有意义呢？就如我们前面所讲到，深层次的创新的成果，往往依赖于个体性的萌发。而个体性的萌发，又依赖于个体对两个场域的认知和洞察。第一个场域是自我，第二个场域是环境。在学科拔尖创新人才培养的语境中，自我主要指个人的特质，而环境主要是指学科的特质。因此，由独立思考带来的对自身和学科的深入认知，以及建立在这个认知上的方向选择，是拔尖创新人才成才的第一步。而学科适配中，又包含“目标的适配”（第八小节）和“途径的认同”（第九小节）。同时，就如何判断一个学生是否在“目标”与“途径”上与某个学科相适配，黎乐民院士对我们相关提问的回答，本身就是较好的例子（第十小节）。最后，前述的“目标”与“途径”主要是从价值层面探讨了学科适配性作为拔尖创新人才培养的一个要素。第十一小节则从操作层面，探讨了在知识技能层面的学科适配对于拔尖创新人才形成的必要性。

一个与学科适配度较高的学生，更容易“进入学科的本质”。黎乐民院士自己逐渐认识并进入化学学科本质的历程（第十二小节）具有较强的启示意义。在进入学科本质后，会从前述的“跟随性”工作开始（第十三小节），逐渐进入深层次创新的层面（第十四小节）。当然，最后这一步作为拔尖创新人才标志性的表征，依赖于前述的个体性的萌发以及在价值和操作上与其学科的高度适配。

所以，黎乐民院士的案例向我们指出，社会主义国家擅长的国家层面的宏大叙事和西方国家较为擅长的发展个人的天赋与个性，对于拔尖创新人才的孵化，都是有价值的。所以，我们如果能够构建一个取各家之长的体系——一种由宏大的叙事、集中的思想氛围来创造“基数”，但不压制个体性、独立思考和深度内驱力的萌发的，并且关注并大体解决学科适配性的体系，就能最高效地利用两种制度的优势，是为拔尖创新人才培养的最优解。

❶ 另一国内选址为复旦大学。

❷ 根据《QS 世界大学排名》的化学学科排名。

1. 宏大叙事

在本书前面的章节中，北京大学数学学院院长陈大岳指出，一个领域要培养拔尖创新人才，首先需要有足够的年轻人进入这个领域。他认为，一个学科要有一个足够大的“人口基数”，才有可能冒出“拔尖创新人才”。而这个“基数”的产生，则需要整个社会层面的机制的支持。

陈大岳院长指出的关于“基数”的重要性，在我们本章的调研对象（黎乐民院士）的入行和成才经历中，就有充分的体现。在本小节中，我们将会以黎乐民院士进入化学领域的过程作为一个案例，来探讨能够构建该“基数”的一种力量：宏大叙事。从黎乐民院士的案例中，我们可以看到，通过社会整体的宏大叙事，例如中华人民共和国成立后的“大建设”的叙事体系，确实将社会中最高质量的人力资源聚集到了某些特定的学科领域，并由此促成了当年基于科学技术的大生产时代的到来。

颜晓川：您当时为什么选择化学领域呢？

黎乐民：是这样，我念初中的时候开始解放，1949年。当时的中国是十分落后的，所有的东西都很奇缺，就连最简单的一种塑料都没有。当时的煤油，就是点灯的那个煤油，都叫洋油，都是从国外进口的，自己都炼不了。火柴叫洋火，火柴我们也做不了。我是在农村长大的，农村就更是这样。我在读初中的时候，看过一本科普的书，叫作《化学奇谈》，作者叫法布罗，翻译成中文的。其中有讲到化学它有意思的东西，以及化学的用处。

颜晓川：您还记得书里的一些例子吗？

黎乐民：它就说，我们看世界那么复杂，多种多样的东西。但是，假如我们把它拿来分析，把它剥到分子……我记得当时说剥出来一个东西就是钠，那个东西见水就会燃烧。这种东西我就觉得很有意思。这是一个。另一个是，这本书里讲到化学可以用来做东西，因为当时东西奇缺，所以我一听到它能做东西，就对它产生了很大的兴趣。所以说，要说开始，我是这样开始的。一本科普读物，对培养中学生对于科学的兴趣，还是很有价值的。

颜晓川：你是怎么看到这本书的呢？

黎乐民：其实我比较小的时候，我更喜欢文学。怎么看到这本书呢？1949年解放，当时我的语文不错，我看了很多语言方面的书，包括中文的表达规则，形容词这些。另外就是文学的书，小说，我都看，看得还比较多。有一次，放暑假了，图书馆允许借书回家看。我就写了借条，写的都是语文的书。后来我的语文老师就过来了，他跟我说，你光看这些书不行。新中国成立了，下一步，就是要搞建设，很需要建设方面的人才，需要科学的知识，所以光看这个是不行的。他就抽了三本书给我，别的我都记不住了，我就记住这一本。

颜晓川：语文老师给你的这本化学科普。

黎乐民：所以我进入化学领域，是受到了我语文老师的影响。

这里，黎乐民院士进入化学领域的最关键的一本书《化学奇谈》，是由他的语文老师安排给他的。而这种情况的发生，是依赖于他的语文老师具有“大建设是第一要务”的思想，以及“建设国家需要科学技术”的认知。因此，当时社会上“大建设依赖于科学技术”的叙事，没有局限于科学领域本身，而是超越了科学领域，覆盖了整个社会的。只有这种全社会参与的宏大叙事，才能构建人民整体的思想体系，让人们（不管自己是哪个领域的）都不由自主地能集中到某些特定领域来，一起办当前社会最需要的大事。这里，黎乐民院士进一步描述了当时人们的思想和社会整体的氛围。

黎乐民：这个有一定的偶然性，但是也有大背景的必然性。旧中国一解放，中国在这个贫穷落后的情况下解放了，当时的人的思想就是中国大有希望，虽然当时是很穷，但是我们将来会好的。那靠什么呢？就靠大家去建设。这股向上的气氛是很浓的。你说困难呢，比现在难得多得多，连吃饭都吃不饱，但是当时这种意气风发：我是有困难，但是我前面有希望。

颜晓川：当时社会上的这种思想或者气氛，包括说意识到了可以通过学习科学来达到这个目的？

黎乐民：当然，国家很需要科学，只有靠科学才能把国家发展起来。怎么实现这个希望？就是要大家参加建设。建设需要科学需要技术。所以我们当时是这种气氛。我们当时，你说发多少财啊，这个概念是没有的。

更多人是学科学，学工程，搞建筑、煤矿、水利，就是建设。

其实，很多国家解放或者独立后，其经济水平都比较差，但是只有部分国家选择了以“建设”和“科学技术”为主线的叙事。而这种宏大叙事，造就了黎乐民院士所经历的人们当时的“建设的思想”“向上的气氛”以及“建设需要科学技术”的基本认知。这几个要素的配合，才会在社会上产生大量个体的，向叙事所指的核心领域聚集的社会效应❶。而这种向核心领域聚集的社会效应，则是产生我们在议题 1.1 中开始提及的“基数”的重要推力。由于“基数”又是孵化拔尖创新人才的一个基础，我们有理由相信，导向正确且符合时代背景的国家层面的宏大叙事，对于构建学科拔尖创新人才的孵化体系，是有重要的价值的。

❶ 黎乐民院士被其语文老师安排看化学书籍就是一个例子。

2. 新的叙事

而改革开放以后，社会整体的叙事从社会层面的大建设本身，逐渐过渡到了个人的财富积累，所以后来才会有“造原子弹的不如卖茶叶蛋”的说法。这种主流叙事的改变，对中国社会孵化基础科学领域的拔尖创新人才构成了明显的阻碍，因为最优质的脑资源不再集中于基础科学领域。

颜晓川：为什么当时的人能全力投入进科学和技术领域？

黎乐民：思想的素质不一样。每个人都离不开社会环境。现在，有的同学一看，说，他学经济的，毕业以后在哪里混了一下，就拿几十万，我化学毕业多少啊？找一个能拿十万的都很困难，拿五万就不错了。就是他心理不平衡，他老在想着我能不能怎么样，这样的话，他也做不好化学啊。所以这就是一个心理问题，要有正确的价值观。这些东西看起来比较虚，但是实际上有很大的影响。每个人都是在社会中存活的，离不开社会，说是离开，还是离不开。包括做和尚，做尼姑，她不还是离不开社会吗？对不对？

所以，经历了社会宏大叙事的转变的黎乐民院士深刻地认识到了社会对于个体的“心理”和“价值”的决定性作用。所以，他本人也在这个层面做一些工作，尽力去挽回。但是他也认识到，这是整个社会层面的叙事导向的问题，并不是他一个人就能逆转的。就如他讲的："这不是我个人能有什么，而是要整个国家也这么想啊！"

黎乐民：我参加很多北京市青少年科技活动。实际上，从我们国家来讲，我们是想大力引导青少年热爱科学，因为科学技术是国家发展和强大的基础。你别看它赚钱不比搞金融的多，但是你要没有它，你奠基的就没有了。你的房子，地基不结实，你就完了。所以我希望很多人去做这个。当然，我不是反对学经济、学管理，因为那个类型也是需要的，搞政治的也是需要的。但是作为国家，它的物质基础是科技。要强大的物质基础，你还得靠科技。干什么事情都要靠科技。所以我参加很多北京市的青少年科技活动，我们就是培养他们对科学的兴趣。

颜晓川：您参与这些活动效果怎么样？

黎乐民：应该还是有一点作用的。因为高中生还是对社会懂一些，但是他也不完全懂，所以在这个阶段，给他一些理想，他可能就往这边走。但是你也不能保证，他走一段了之后，他长大点了之后，进入大学了，他一看，不是那么回事，他就不往这方向走了，这也有可能。从这个意义上来讲呢，不是我个人能有什么，而是要整个国家也这么想啊。所以，要在青少年里面大力提倡科学，让他们热爱科学。

所以，我们可以看到，一个年轻人是否会进入某个领域，成为该领域的一个"基数"，在当代社会，其实是一个概率性的事件。而这个概率性的事件，其概率大小，受整个社会的宏大叙事的影响。宏大叙事可以构建个人的思想和社会整体的氛围，而思想和氛围对于创造基数来说非常重要。

因此，构建有利于关键学科发展的社会层面的叙事，是拔尖创新人才培养体系建设的重要一环。

3. 维系基数（1）

通过超越具体学科领域的，全社会层面的宏大叙事，我们可以构建社会整体的“思想”和“氛围”。所以，具有导向性的宏大叙事，可以构建指向某些核心学科领域的“基数”。但是，就如黎乐民院士在上一议题中指出的，当一定数量的年轻人进入到这个领域之后，如果没有让他们觉得能做有意思或者有价值的事情，那他们也不一定会继续往这个方向走。也就是说，这个“基数”是需要有具体的“项目”来维持的。这里，我们就以黎乐民院士亲自参与的“两弹一星”中的“造原子弹”的项目为例，来讨论具体的国家项目，对于维持“基数”的作用。

黎乐民：我念到三年级的时候，当时，1958 年，中国开始大办原子能。

颜晓川：全民办原子能？

黎乐民：我当时就从化学系被抽到原子能系去了。我是头一批。当时不是招生，上头 1958 年马上就要人。三年级抽过去，四年级一毕业就开始工作了。因为我是学化学的，实际上原子能有很多化学问题和普通化学问题是一样的，不同的是它有放射性，就是操作的层面，需要注意很多问题，比如防护这些问题，还有它的测量技术都有它自己的一套。但是从化学的角度看，和普通的化学是一样的。到那边去后，我就根据需要，就开始做分析，就看地里挖出来的矿，有没有铀。

颜晓川：铀 235？

黎乐民：铀 238，天然铀。因为当时中国什么铀都没有，进口铀也是不可能的，都是被封锁着的，所以都得自己弄。先挖矿，矿挖来看里面有没有铀，有的话再开矿，把它弄出来。

颜晓川：定性和定量的分析都是分析化学？

黎乐民：第一步，定性的分析，就是看挖出来的矿到底有没有铀。第二步，定量的分析，看它含量有多少。当时的铀很缺，我们那时候，给我们说的，含量超过千分之一，就有开采的价值，就那么的少。当时黄金可能是万分之五，比黄金稍微高一点点。所以我们当时做分析也有压力，因为你得做得准。如果你分析出来是千分之一，但一开采只有万分之五……这东西，那受不了。所以开始我就做分析。后来过一段时间，我们这个分析就过关了，不是我做过关的，我们国家过关了，过关了就往下一步走。

下一步的问题就是，如何把铀跟钚从矿石里面给弄出来。这叫前处理，我就做这个。做了比较长一段时间，我读研究生的时候也在做这个。这个在学科上叫核燃料配位化学。就是分离，就是用配位化学来萃取化合物的办法。萃取，extraction。但是萃取里面，实际上，化学物质都是配合物，coordination compound。

我研究生毕业以后就开始做后处理。就是核燃料烧完了之后，会有很多放射性的东西。它同时产生出钚（Pu），还有镅（Am），就是铀以后的那些元素，就是 transuranium（超铀）。铀是 92 号元素；93 号，94 号，95 号，96 号，那几号元素。

颜晓川：都会生成？

黎乐民：都会生成。在核反应堆里，都会生成。这些都是做原子弹的材料。做原子弹有两种途径。第一种是把天然铀拿出来，把铀 235 从矿石里面提取出来，因为只有铀 235 能够裂变。铀 238 是没有用的。但是这个途径非常非常困难，因为铀 235 在铀里面只占千分之五，而且同位素分离技术上也是相当的困难。另外一种途径就是让它做反应堆，做完反应堆，铀 238 就变成钚了，变成 Pu239 了，就沿着原子序数往上增加。越往上增加，它的放射性越强，但是它就越容易爆炸。

其实，我们可以看到，相比于普通的化学，原子能方向在很多方面更有危险性，需要的防护措施也更多。但是，由于有“造原子弹”这个大的项目作为一个具体业务，就为大量的包括化学专业在内的学生提供了事情可以做。同时，也是由于这个项目，使得这些参与的人有了精神追求和目标，使得他们能够长期投入到这项事业中来。

黎乐民：这段时间的业务，基本上就是根据国家的需要，需要你做什么就做什么。当时的状况，我觉得，这一点很好，没有觉得自己委屈什么的，没有，因为我们本来的出发点就是：国家不是要建设吗？你就一直跟着过来。反正到原子能部门去，都是上面比较信任你，不然怕你投敌了，对不对？但是基本上，没有很多自己的选择，就是让你干什么你就干，那都是为了一个大的目标。当时原子能就是作为全国最重点的业务之一，全国优秀的工人，大量抽过来。估计啊，现在不老是说“两弹一星”嘛，火箭弹这些我不太清楚，我们不是那边的，做原子弹的少说也不少于100万人。

颜晓川：不少于100万人？

黎乐民：参加的人哦，不少于100万人。

颜晓川：100万人？

黎乐民：包括你从探矿开始，往前走啊，很多步骤啊，到了后面爆炸。爆炸完了还要探测，它到底炸没炸，到底功率有多大，到底摧毁力有多大，牵涉的人不少于100万。所以付出也很大。当然，这些人当时也没有讲究，说谁得到了多少享受，得到了多少什么东西，就是这样。

4. 维系基数（2）

在议题1.1中，促进“基数”产生，以及维持“基数”的一层社会机制：就业兜底机制。就业兜底机制依赖于社会层面存在的认可该专业的毕业生的职位的纵向深度。社会上有足够多的单位的不同职位，愿意招收该学科的毕业生，才能让进入这个学科的年轻人，不管是否最终成了拔尖创新人才，都有一定的就业空间。这样才能在本质上维持住这个基数，因为毕竟只有少数人能成为拔尖创新人才。化学在这一点上，是做得较好的。

颜晓川：化学毕业生的就业情况如何？

黎乐民：化学就是毕业生工作比较稳定。中等偏上的收入。失业率是挺低的，经济起伏也不大。因为你去过美国，我想你也知道，我看过美国的求职手册，美国学化学和化工的人，失业率是挺低的。它的收入是中上。比如说，娱乐界，一般人想到的那些明星，好像钱多得不得了。但是，美国的求职手册里，娱乐界，包括像好莱坞这样的地方，它的平均工资都很低的，因为它大部分是跑龙套的人，那钱是很少很少的，而且很不稳定的，今天我叫你来，明天就不要你了。化学基本上比较稳定。

颜晓川：国内的情况呢？

黎乐民：国内现在一样是化学比较好找工作。

颜晓川：也是类似的性质？就是比较稳定？

黎乐民：比较稳定。

颜晓川：相互之间的差异也不大？

黎乐民：对。你想发财你也发不了。为什么呢？哪怕你发明一个新药，你要给它变成一个产品，卖出去要盈利，这中间有很长的道路要走，你要有资金，你要有很多其他东西。等到真的能赚钱了，也没人记住你这个学化学的。我后面那些搞资金的，这些东西，在那儿了。学化学发财的也有，中国曾经有一对夫妇，是学化学的，后来做药的。他们成了中国首富，当时报纸上登过的。但是后来他们又下去了，就是有一段时间，首富是他们俩。但是他们俩这样的是很少的。

化学是很稳定的，因为它的去向是很广的。比如医院里面做分析的，食品检测的，国防的，所以它需要你的面很广。但是就像你学经济的，想一下子就成为什么 CEO 啊，一下子就拿几百万几千万啊，这个……

颜晓川：很少很少。

黎乐民：但是学经济的，你别看他有些人那么风光，但是有些人就是找不到工作。我有学生念化学的，他现在美国的 FDA 工作。

颜晓川：FDA，他在做药品，批药吗？

黎乐民：不是，他在里面的一个研究所，做技术工作。批药那个是行政工作，那是美国本土人自己管着的。化学还是比较稳定的。我的看法，平均起来，化学也不高也不低。它比较稳定，这是它的优点，但是它很难让你一下冒上去。假如我的野心很大的话，学化学就不行，因为它没有蹦上去的可能性。但是它比较稳定，它也不会掉下去。当然也不是说没有特例，但是那很少。普遍的情况来说，它就是维持在中等。

其实，一个学科要能做到自己的毕业生“要的面很广”和“维持在中等”是很不容易的。这依赖于学科团体（例如各高校的该学科的院系）和社会各界传递该学科的知识、技能和思维模式的价值。像化学这样的传统的学科，社会认知较为广泛，在食品、制药、能源、材料等行业都已经确定了其地位。但是一些新兴学科，以及一些与生产没有显而易见的关系的学科，则需要对自身进行全面深入的定位和价值分析，挖掘出自己的特质与社会各行业可以结合的连接点，才能做到自己的毕业生“要的面很广”的程度。

5. 个体定位

我们在前面的议题中讨论了，社会的宏大叙事为学科构建人口的基数，而国家的项目和社会的兜底机制会维系这个基数。但是，这还只是一个基数，而不是我们所讨论的“拔尖创新人才”。当然，拔尖创新人才是从这个基数中产生的。而拔尖创新人才从“基数”中脱颖而出的第一个表现，就是其在学科中的个体定位的浮现。个体定位清晰，代表着从“跟着别人走”到“看到自己的路”。而这是进入深度创新的一个开端。

这里，我们可以看到，黎乐民院士从最初跟着做项目时“没有太多自己的选择，叫我干什么，我就干什么”，到后面他自己开始关注、思考一些“到现在还没有解决的”问题，就是他个体定位逐渐形成的过程。在这个过程中，他逐渐有了自己的研究目标，并在这个目标上感受到了自己的社会责任，并因此有了较强的研究动力。

颜晓川：您除了前面说的做“前处理”以外，还有涉及其他方面的工作吗？

黎乐民：还有后处理，当时的目的主要是要弄核燃料。同时也要把一些很长寿命的放射性的东西要给它弄出来，要不然那个废物它长期有放射性，你都没地方搁。如果你把里面最长命的给弄出来，短命的你放个两年它就死掉了。

颜晓川：它就放射完了。

黎乐民：对，它就放射完了，就没事了。那么长命的，对人有害的……这个问题到现在还没有解决。现在核电不是烧得很多吗。现在这个问题还没解决。还在争论，你将来这个废料怎么办？有些放射性的东西半衰期有长达几千年甚至上万年的。一般要五六个半衰期才能让它死得差不多。这是个大问题。五六千年的那种变化，说不清楚了❶。

颜晓川：现在是埋在地下？

黎乐民：对，但这不是个长远之计，现在这个只能是临时的。埋在地下有很多问题。第一，你一地震，啪。还有呢，它现在都包得很牢，加水泥，固化以后用盒子装着埋在地下很深的地方，但是它有地下水，慢慢地把盒子腐蚀了，这些东西会流出来，就会到地面，这都是很大的问题。现在的人，先解决了目前的电力能源问题再说，以后几千年让子孙去处理吧。它就是这么算的。所以很多人也在反对，说你不要都交给子孙，这也不厚道对吧？

颜晓川：这个问题还没有人去解决？

黎乐民：这是一个问题，还没有办法，到现在也没有办法，所以我后来就做这个了。

我们前面小节的议题，主要围绕如何构建一个“基数”来展开，但是，如何从基数中孵化出拔尖创新人才，才是我们这里最希望讨论的问题。社会层面的宏大叙事也好，就业层面的兜底机制也好，都只能扩展基数，并不能真正孕育出闪光的顶尖人才。而真正的拔尖创新人才，往往并不是在整齐划一的场景里被“规划”出来的。在后面的小节里，我们会讨论后半部分的议题：如何在基数中孵化出拔尖创新人才。

❶ 在访谈时，他说这句话时，我能感受到他真实的焦虑。

6. 跟随工作

科研工作按照其创新性的深度，可以分为“跟随性”的工作和“原创性”的工作。新中国建立后，由于基础较为薄弱，实际上取得的科技发展的成就，基本是“跟随性”工作。而当代物理学的理论框架层面的这种更为深度的原创性工作，当代中国目前尚须努力。

黎乐民：我们国内这些年化学的发展很快。我们出了本书，叫《高速发展的中国化学》。在我们学校的党代会上，校长讲，我们最近化学发表的论文的总数，已经超过美国了。高影响的论文也大幅增加。在国内，在这几个学科里面，按这个标准来说的话，化学是最好的。

但是我们现在也有个问题，我们也一直在讲，就是我们真正自己的原始创新的东西，太少了。就是国外做什么，我们马上就一大批人马就跟着做。成果的数量非常的多。我举几个例子，像碳 60，国外一开始做，我们就跟着，哗哗哗，总数都超过国外了。

颜晓川：都是在国外原创的基础上去完善它？

黎乐民：对对对，比如说加一点东西。比如说我在碳 60 上加一个基团：你加了甲基，我就加丙基、丁基什么的，就全部都给它做一遍又给人弄出去。后来又有碳纳米管、石墨烯，然后我们就出了大批的文章。这些都是国外先做的，我们看到国外有人做了，我们就一下又来一批，一下又来一批。我们中国人多嘛，而且我们现在科研力度、支持的力度不比国外差。我们现在的设备，能够买到的，都是国际上最好的。

颜晓川：经费也比较充足？

黎乐民：经费也很充足，设备也都是能买到的最好的。所以，现在要做文章就很容易了。所以，做实验，合成，我有仪器，马上出来个结果，是新的，马上就发表。我们从量的角度来讲，很好，甚至已经超过美国了。但是从本质上讲，我们仍然不是领头的国家。我们总跟着人家走，都是什么时髦起来，我们就跟着走。我们集中，我们靠着人多，做的数量最多。

颜晓川：但是就要那种很原创的东西才能拿诺贝尔奖？

黎乐民：那当然，所以我们这个可能性很小的。现在几乎是没有的。现在大家也不停地在想这个问题。

国家层面的导向，例如社会意识形态、重大项目等，优势是能“集中力量”，能够构建较大的“基数”，结果是能够产出较大的生产或经济总量。但是，这并不能直接产生原创性的成果。实际上，我们对全世界最拔尖创新的人才（例如多位诺贝尔奖得主）的调研访谈结果显示，真正的深度创新的成果，往往更依赖于个体性的作用。所以，在宏大叙事、重大项目等整齐的目标的框架下，如何不压制个体性的萌发和成长，是中国当前制度性构建拔尖创新人才孵化体系最重要的命题。

7. 学科适配

黎乐民院士认为，当前中国社会年轻人普遍缺乏独立思考，缺乏对自我和环境的认知。他认为，这是一个社会性的问题。为什么这个问题对拔尖创新人才培养有意义呢？就如我们前面讲到，深层次的创新的成果，往往依赖于个体性的萌发。而个体性的萌发，又依赖于个体对两个场域的认知和洞察。第一个场域是自我，第二个场域是环境。在学科拔尖创新人才培养的语境中，自我主要指个人的特质，而环境主要是指学科的特质。

在学业方向决策的过程中，只有对自我的特质和候选学科的特质都有一定的认知后，才能做出正确的“个体 – 学科”的适配决定（专业选择）。任何个体只有在适合自己的土壤中，才能生根，成长，就如古话所说“橘生淮南则为橘，橘生淮北则为枳”，如果个体和其进入的学科不适配，就像进入了不适合的土壤，是无法成长为优秀人才的。所以，由独立思考带来的于自身和学科的深入认知，以及建立在这个认知上的方向选择，是拔尖创新人才成才的第一步。

颜晓川：学生如何找到自己的方向呢？

黎乐民：每个人的天赋不同，爱好不同。

颜晓川：应该根据自己的爱好？

黎乐民：对，根据自己的爱好，以及自己实际的条件。比方说，你说我应该去跳舞，但是我不行，跳不起来，非让你去跳也可以，但是你肯定就跳不好的。那你就别去了。就根据自己的具体情况，包括特长、爱好，综合起来。比如我很喜欢唱歌，但是你唱功不行，你那个破嗓子一唱，哎呀……是不是，这个你还要根据你爱好跟你自身的条件。

颜晓川：爱好和天赋，要结合起来？

黎乐民：是这么回事。

但是，从中国社会的现状来看，大部分的中学生缺乏独立思考，因此对自我的特征和对候选学科的特质都不了解。黎乐民院士认为这是一个社会学的“困难”，只能“尽量”。

黎乐民：我们国内，特别是大城市里面的很多孩子，偏向于幼稚。父母宠爱得过分了。一天到晚都离不开妈妈，干什么都要去问问。他自己没主意的，也不知道自己要干什么。因为一切都照顾得很好了，用不着自己动脑子了，所以就非常幼稚。这个，可能和中国之前的独生子女政策有关系。但是，你要没有这个政策，也有问题，你人太多了也没法办。这都有困难，反正就尽量吧。

8. 目标适配

我们前面讲了，学科适配是学生在学科中成才的一个重要基础。那么，所谓学科适配包含哪些层面呢？这里，我们从最简单的“基本目标”切入。首先，学生通过自我认知来探索和构建自身的人生基本方向。这个方向指向的基本目标，应该和自己所选择的学科的基本目标一致。每个人构建的人生基本方向都不相同，很难统一阐述；但是，学科有其较为现实的基本目标，可以被阐述出来。这里，黎乐民院士阐述了他理解中的化学的基本目标。

颜晓川：您认为化学学科的基本目标是什么？

黎乐民：我对化学的看法，总体上就是，化学源于人类改进自身生存环境的实践。比如说，最早人类发现，把肉烤一烤，就好吃了；粮食发酵，变成酒又挺好喝。一开始，人类发现，物质形态的变化，会引起它的一些性质的变化，有些性质对人有利，有些性质对人不利，比如有些坏了的肉吃了会死人的。化学最早就起源于人们对物质变化的关注。后来就慢慢演变为炼金术和炼丹术。人们就想，我能不能弄一些变化，让这个药丸吃了，人就长生不老；能不能弄一种药水出来，一倒下去，石头就变成金子，就点石成金了。

在社会更进步以后，化学就变成了两件事，财富与健康。点石成金就是财富，比如现在搞的各种新材料。长命百岁就是健康。这个就是现代人的思维了。所以化学的基本目的，是为了人类创造财富和保证健康。当然一开始的时候，化学家完全不知道化学它可能和生命有关系。生命就是生命，是不可捉摸的；化学是化学。但是后来发现，任何生命过程、生命现象，都伴随着化学变化。所以新兴起来的，有生物化学，有化学生物学。

颜晓川：任何生命过程都伴随着化学变化。

黎乐民：实际上我们吃药就是化学反应。你吃药了，病好了，不就是用化学方法来干预你的生命过程吗？回到前面，还是我们的炼丹术和炼金术，一个做药一个做钱的，就是这样的。所以我对化学，总的看法就是这样。

个人基本的人生追求、价值观和学科的基本目标适配，是作为个体的学生在进入一个学科领域后，能够持续投入的最根本的原因。例如，如果一个考生在过去 18 年已经构建了一套与“当代炼金”或“当代炼丹”有关的个人目标和价值体系，那他进入化学专业，就会有足够的内生动力坚持走下去，会成为拔尖创新人才的后备军。相反，如果没有这样的基础，只是因为自己的考试分数刚好够报化学专业之类的原因，就报了这个专业，则一般没有动力在这条路上坚持走下去❶。这种没有动力坚持走下去的学生，一般是成不了这个领域的拔尖创新人才的。因此，好的高校应该尽量把其极为有限的优质教育资源分配给前者。

现在社会上也较难推行如解放初期中国社会的那种全社

会覆盖的、有极强凝聚力的、整齐统一的宏大叙事了。所以，现在学生的学习动力，主要来自个人自身的目标和价值体系与其所做工作的适配。这种价值观层面的适配，其作用力的持久性，甚至高于我们前面提到的收入体系❷。实际上，就这一点，黎乐民院士指出：这些东西看起来比较虚，但是实际上有很大的影响。

所以，从实践上来讲，作为学生，在进行学业方向决策（例如专业选择）时，应该清楚地认知自己的各个候选学科的基本目标与追求，选择在这个层面上相适配的。同时，作为培养拔尖创新人才的重点高校，因为优质的教育资源极其有限，应该在录取选拔过程中对学生与其报考学科领域的基本价值和目标的适配度进行考核，以优化稀缺的优质教育资源的分配，将与学科最适配（最可能长期全身心投入该学科）的学生录取。因此，超越了传统纸笔标准化考试，按照学生报考第一志愿专业进行的分学科的申请材料审核和面试环节，对拔尖创新人才的培养体系，是有重要的推动意义的。

❶ 我们调研的几乎所有的学者对他们教过的学生都有这样的观察和总结。

❷ 我们调研的几乎所有的学者也都有这样的观察和总结。例如在上一章里，南京大学天文学院的顾秋生书记就指出："如果你把天文当作一个求生的手段，那你就不要做了。"原因是，价值观和兴趣层面的契合，可以让一个学生全情投入一项事业中。相反，如果仅仅是金钱层面的回报，其推动力则很弱，很难持续。顾秋生书记的观察是，如果一个学生仅仅是为了找一份稳定的工作而从事天文学，那这个学生会"做什么事情都索然无味"。在第一章里，北京大学数学学院院长陈大岳也认为，只为了找一份稳定的工作的动机，是所有的选择专业的动机中，"最低一层"的动机。

9. 途径认同

前面黎乐民院士指出，化学的基本目的是“改善人类的生活环境”。但是，有很多其他的学科也有类似的目的。甚至，不只是理工类学科，一些人文社科类学科，也包含此类目标。因此，学生在学业方向决策（例如专业选择）时，不止要对自身和学科的基本目标框架有认知，还要对达到目标的根本途径有认知。只有目标和途径都契合，才算在价值观上与学科契合。

例如，说到一些世界性的难题，不同学科就有不同学科的“根本途径”。例如，说到能源危机，社会学可能关注现在人类不必要的能源消耗，例如因为攀比的需求而购买大排量的汽车等。社会学家们可能会从如何推动一种低碳生活的文化在社会中广泛传播并改变人们的消费和行为习惯出发来思考能源危机这一问题。但是，如果一个学生是真正对化学感兴趣，他对“途径”的认知，就应该是会落到化学的途径上。例如，黎乐民院士就是一个很好的例子，谈到能源危机，他的思维自然而然地就落到了“催化剂”这一途径上。

颜晓川：您怎么看能源问题的本质？

黎乐民：能源问题，这么困难，其实都是化学问题。比如说太阳能电池，你能不能找到一种化学方法，做一种材料，把阳光最高效率地转化为电能。比如说氢能源，说了半天，你氢气哪里来啊？你如果氢气用电解水来弄（笑）……最希望的，就是用太阳能，照在水上，就分解成氢和氧。解决什么问题？我们就要有一种化合物，要有很强的催化能力，通过太阳能，阳光的能量，把水分解成氧和氢。这就是化学问题啊！

对于相似的目标，不同学科会有自己特殊的“根本途径”，而适合某一学科的人，他的思维会自然而然地落到该学科的根本途径上。这也是综合评价面试的过程中，教授判断一个学生是否真正喜欢或适合学习某一学科的一个方式。例如，因为开始人口负增长了，近期中国社会开始较为关注人口问题，那么，就以人口问题为例，一个适合学习社会学的学生，可能会从计划生育政策来思考人口和粮食、资源之间的关系，而一个适合学习化学的人，他的思维落脚点就会不同。这里，黎乐民院士的回答，就是一个很好的化学“途径”的例子。与人口相关的问题，他的思维很自然地落到了“化学肥料”上。

黎乐民：有人说，假如没有人工化肥，合成氨、尿素等的发明，全世界现有的人口要饿死一半。这是外国人讲的话。然后有一次我开会碰到了一个退休的中国农业部部长。后来我就去问那个农业部长，我说听外国人说，如果没有人工合成的化肥的话，全世界的人口要饿死一半。他说，你说得少了，人口要饿死三分之二！

颜晓川：所以您认为是人工化肥奠定了中国当前人口的基础？

黎乐民：因为没有化肥你就没有办法了。我们都知道袁隆平的种子什么什么的多么高级，当然，袁隆平的成就是很大的，基因改良了。但是我要是不给他化肥，它就绝对增产不了。就像你一个小孩子生下来，不管他基因多么好，你一天到晚给他喝白水，他能长吗？还是要有营养。

当一个学生在基本目标和根本途径上都与一门学科契合时，我们就认为这个学生与这个学科在价值观上是适配的。这样的学生进入某个学科以后，就容易找到价值感和意义感，就能促进他内生动力的产生。而内生动力的产生，是持续往一个领域投入时间和精力的保障。有了这个保障，这个学生就有成为拔尖创新人才的可能了。而高校在录取选拔中需要做的就是，对考生与其报考学科的价值观的契合度做出考核，来有效地分配稀缺的优质教育资源，达到最优化的培养拔尖创新人才的资源投入产出比。

10. 角色站位

要看一个学生是否真的把一个领域或者目标作为自己人生规划的一部分，一个考核方式是，看其在谈论与之相关的问题时，所呈现出来的视角。因为他的视角反映的是他的自我站位。就个体与学科领域之间的关系而言，其自我站位大致可以分为两种：

1）置身事外的评价者；

2）置身事内的参与者。

往往，只是为了录取而虚构一个个人规划的学生，会具有第一种自我站位；而只有真的把一个领域或者目标规划入自己人生的学生，才会具有第二种自我站位。这两种站位又呈现出不同的表现：

1）评价者站位的人更多关注事物的成本；

2）参与者站位的人更多关注事物的潜力。

而这是选拔考核时，教授可以用来判断学生是否在讲真话的一个基本框架。例如，当社会上的大部分人谈到化学时，他们看到的、想到的大都是与化学有关的风险和成本。而只有一个真正喜欢化学的人，才会自然而然地更多地看到这个领域的潜力和价值。这里，黎乐民院士面对我们相关提问的回答，本身就是很好的例子。

颜晓川：您怎么看化学污染和环境之间的关系?

黎乐民：现在老是觉得化学是环境污染的罪魁祸首。实际上并不是这样的。化学在生产很多对人类有用的东西的同时，很难避免有一点副作用。任何事情都是这样的，就包括你人吃饭，你吃进去的东西也没有全部吸收嘛，也会排泄一部分嘛，那也是污染嘛。你不能说不吃饭嘛。这是不可避免的。

还有一种呢，是人类当初不晓得，看到点好处，没看到它的坏处。因为时间还没显示出来。比如六六六，是一种农药，对付那些昆虫，非常厉害，对农业的影响大。一发明了六六六，这农药起了非常重要的作用；后来发现它不行了，它不能在环境里面自动地破坏掉，残留得比较多，它会慢慢聚集到生物里面，然后危害到人体。这个事情也是不可避免的，因为人类的认识是有个过程的。我刚开始知道它能把昆虫弄死，我很高兴，后来没想到对人类也会有影响。

颜晓川：间接的影响？

黎乐民：间接的影响，这个你必须要有时间，后面才会知道，要不然你不可能知道。那么，你现在认为最好的东西，将来对人类有没有影响，不知道啊，要等到后来才知道。所以这个你不能怪化学。

现在很多环境问题，比如说造纸，它的化学工艺就决定了它的污水量大，这些问题你就要用化学来解决。就是说你要能找到一种化学的方法，要能造出一种纸来，不同时产生很多有害的副产物。这个得靠化学解决。所以很多问题，包括军事上高强度的合金；你做飞机，做导弹的，尖端的东西，这也是通过化学反应，你才造得出来。它最基本的是一些什么元素？这些元素要怎么搭配，弄成合金，才能抗腐蚀，强度大，轻……这些性能，都需要化学研究。

这里，黎乐民院士的回答，体现了他的思维的两个特征。第一，他知道环境污染和有害化合物的存在和它们对于人类的危害；第二，他并不是从一个置身事外的评判者的站位和角度，来指责或者评价化学的成本或风险，而是从一个参与者的角度，来指出如何通过化学来改善现状。例如，他反复提到“要用化学来解决”“要靠化学解决”等，而且，还有很具体的目标，比如找出更“抗腐蚀”“强度大”“轻”的合金。这就是很典型的参与者的视角。

因此，在面试中判断一个学生是否真的想学某个专业，其中一个角度就是看这个学生是否具有置身事内的参与者的站位和角度。而要评价一个学生是否具有这一站位和视角，则看他是否能在大的方向性的议题下面，拓展性地讲出一些具体的目标和与达到目标的可选途径相关的思考。

其次，参与者的视角一般体现出来的情绪是“有希望”而不是单纯的批评或者评价。而且，一个学生如果真的喜欢一个领域，他会和这个领域有种“共荣辱”的关联感。这种关联感的具体体现就是一个人会自觉维护某一事物，比如当一个事物受到了不好的评价时，他会为这个事物感到不公、惋惜，甚至会产生反驳的欲望。因此，教授也可以通过这种“共荣辱”情感的强度，来判断一个学生是否真有长期投入某一领域的个人规划。

同样，作为优质案例，这里黎乐民院士对于化学学科的维护，其实就能体现出他与这个领域之间的明显的“共荣辱”的关联性。

黎乐民：所以，回到刚才讲的，化学学科就是在人类改善自身的生存环境的实践中逐步形成的。现在人类急须改善生存环境，急须用化学方法，所以人类永远也离不开化学。我觉得化学，现在说起来呢，确实是有点冤枉。大家总把坏事都弄到化学头上，好事都忘了。

颜晓川：好事都忘了，大家习以为常了。

黎乐民：习以为常了。还有的呢，比如农药，实际上是化学方面的，它现在是一个独立的产业，很大的产业。制药，也是这样的，它是化学先研究出来的，然后交给制药工业。还有化肥、材料、冶金，最早都是化学问题。但是大家现在觉得它们好像跟化学没什么关系。所以现在大家一看，化学它有什么用呢？它没什么用嘛，它就是有污染。其实他们不知道，现在很多的大的工业，都建立在化学的基础上。后来我想了想，我觉得这事情有点像，假如你吃饭，大家都看到名厨师，很高的声望，很好的待遇，可是没有人说养鱼的人，养鸡的人，养猪的人，有什么贡献。没有人说。实际上没有养鱼养鸡的这些人，你厨师白搭。他用开水能做出菜来吗？大家光看到最后的产品那个地方有贡献的人，没有看到前面的。化学就相当于奠基的这一部分，没有它，你后面的都办不成。但一旦上面有了，下面就都忘了。

在录取选拔时，教授要判断一个学生“专业志趣”的真伪，要判断一个学生是否真的计划在这个领域里长期投入，其中一个切入点，就是看学生与学科相关的个人站位与角度。一般而言，真的想进入这个学科领域的学生，是会把这个领域与自己的人生规划融入到一起的。

而这个融入一旦发生，深入了，就会出现两种结果。第一个是，学生会站在参与者而非评价者的视角来看相关问题。第二个是，学生会体现出一种与该领域某些相关事物的共荣辱的情绪关联。由于面试的框架和议题的非既定性，学生要在面试中捏造和假演出这两个结果，要比在有既定框架的纸笔考试中做出同样的伪装的难度更大❶。因此，综合评价中的非纸笔考试部分，对于拔尖创新人才的选拔，在这一层面中，具有重要的作用。

❶ 特别是因为面试可以有即时追问，而追问的轮数会指数级地提升学生假演的难度。

11. 知识技能

俗话说，态度决定一切。我们前面的内容，从态度，也就是价值观层面探讨了拔尖人才培养的一个要素：学科适配性。而这个小节，我们从操作性的层面来探讨实际的知识技能的适配性。当然，实际的知识和技能的适配，在现有的相关文献中已经有较多的讨论，这里我们仅以化学学科为例，来与黎乐民院士进行探讨。

颜晓川：就化学未来的发展趋势，学生需要具有什么样的知识和技能，才能有效应对这样的趋势呢？

黎乐民：我个人的看法是两方面。一方面他应该有更好的物理基础。

颜晓川：物理基础？

黎乐民：因为你的预见、计算，本质上就是个物理问题。

颜晓川：物理和数学的问题？

黎乐民：你物理要好；数学，特别是应用数学这块至少是要有的，不然物理的问题你也解决不了。

颜晓川：一个是物理基础，另外一个……

黎乐民：另外一方面，就是实验的技巧。刚才讲了，它（化学）确实还是有这个问题❶。当然，等人类充分了解这个过程以后，学生要掌握实验的技巧，就比原来更有把握一些。

颜晓川：如何掌握实验的技巧呢？

黎乐民：就是实验的基本的训练。因为所有你看起来很高难的技巧，都是以基础训练作为基础的。就好比跳舞的，它的基本功，不练是不行的。所以两方面都是需要的。当然，具体到一个人来讲，他可以有偏重，比如你将来搞理论化学，你实际操作能力可以差一些，但是，这边也不能一点都不了解，你不了解，怎么解决问题呢？

就实验基础这一点，我们对其他的化学领域的数位教授和研究生进行调研的结果也与此一致。一位化学研究生称他大约百分之八十的时间花在实验室。而他的教授则认为，学生应该百分之九十的时间都花在实验室。因此，高等教育阶段的化学学科，和中学阶段的化学学科有本质的不同。中学阶段主要以书本为主导，实验只是锦上添花的环节，而真正的化学则是反过来。因此，一个学生对化学实验性质的工作是否有较高的适合度，是决定他是否能长期较好地从事化学事业的基本条件之一。

❶ 由于理论的预见性差，化学实验的成果具有“艺术性”，即对“灵感”的要求。这一点在下一个小节里会详细展开。

12. 进入本质

一个在各个层面都与学科有较高适配度的学生，在进入该学科以后，就容易理解甚至进入这个学科的内核和本质。什么是一个学科的本质呢？这里，我们还是以化学学科和黎乐民院士为案例，从一个侧面来描绘“进入一个学科的本质”是什么样的过程。

首先，黎乐民院士在接触到化学学科后，就很快地理解到了化学学科的第一个本质特征：化学的科学性。化学的这一特性，和他当初想象的（工程特征）略有出入。

黎乐民：我开始接触化学，更多的是希望它能做出东西来。现在来看，它（我的希望）更偏向化工，实际上做什么实际的东西出来，那是化工的事情。但是当时中学时我也搞不清楚化学和化工的区别，所以就考上北京大学化学学院，当时叫化学系。考上开始学习后，就知道它们是不同的目标了。

颜晓川：化工和化学的实质并不完全一样？

黎乐民：化工是倾向于把比较成熟的技术，把它转化成物质的东西，生产上的东西。化学更看重它的原理，它的科学。

颜晓川：化学探索更根本的的机理？

黎乐民：对，探索科学的规律、概念。

实际上，当黎乐民院士理解到科学学科的基本目的是“探索规律”时，他对化学的本质的认知，就更深入了一步。而这个认知，自然地引导他看到了化学作为一门科学学科还存在的发展潜力。

黎乐民：后来我在大学里面学习了更多的数学和物理，我就对物理也开始感兴趣。我觉得物理的逻辑推理比较严谨，理性地思考，比较有思路。化学当然也有，但是很多时候是很模糊的，是我估计它，不是很严格的；不像物理，通过数学，从这一步推到那一步。比如力学运动，抛物线，从这走，对吧，能量怎么变化，它是定量的。化学反应这方面呢，也有推导，但是比较模糊，不是这么严格的推理。而且，实验成不成，那是要做着看，不是说纸上写出来的反应就一定能做出来，这不是的，所以说它的预见性比较差。

颜晓川：预见性？

黎乐民：预见性。物理，比如我的电容器有多大，多大的面积，多少介电常数，介质是什么样的，我就可以算它，虽然不准，但是差不多。化学就不一样了。所以我慢慢就从我原来的想法，从想做东西，转向就是说，这个化学能不能更加理性化，预见的能力更强一些？

颜晓川：理论的预见能力？

黎乐民：对，理论的预见能力，更严格一些，更准确一些。

好，这时候，我们可以看到，黎乐民院士找到的与化学有关的目标，从最初的偏向于化工的“生产东西”到更偏向于化学的“提高理论的预见力”。我们可以看到，这正是他逐步认知并走向化学真正的内核的过程。而这个深刻的理解带来他自己研究方向的确定，为他后来成为中国最拔尖的化学家之一，奠定了基础。

黎乐民：然后到 1976 年以后，我就回到化学系来。当时原子能跟化学没有关系，不让化学系跟那个（造原子弹）掺和，因为它（造原子弹）保密，这边（化学系）不知道那边（原子能系）在干什么。

颜晓川：然后你是回来了。

黎乐民：我就回到我们这边。回到化学系以后，有两个问题。一个我没有实验室，因为每个实验室都有自己的任务，回来当然就没有地方去，没有多的实验室。另外一个原因呢，就是我刚才讲的，我觉得化学这个东西呢，这个盲目性比较大，理论方面能不能提高？

颜晓川：他们当时主要靠经验？

黎乐民：化学一直都是以经验为主的，至少七八十年代以前都是这样的。包括做实验，就像我以前有个老师，很有名的，叫邢其毅，是个有机化学家，你可能不认得了，他年龄太大了，如果还活着都一百多岁了，他讲化学实验，不光是一种技术，还是一种艺术。我想你清楚这个技术和艺术的区别，技术是可以学的，艺术是靠自己的灵感。艺术当然也要学，但是你要做得好的话，是要靠灵感的。技术呢，我应付应付，就应付过去了。他说化学实验呢，不光是一个技术呢，更多的是一个艺术。也就是说，你做得好不好……

颜晓川：理论上？

黎乐民：都不是理论上写的。就算告诉你加什么，搅拌什么，加热几度，也不见得就能好，它这个东西有点灵感。像艺术表演，普通人都会跳舞，但是有些人跳得特别好，有些人就一般，艺术的灵感不一样，这个得靠灵感，不是说老师就教得了的。

颜晓川：跟厨师做菜有些像？

黎乐民：对的，像那些大厨，那些高级的厨师。他有技术，他也得学基本的烹饪技术，但是做得好，是有艺术在里面，个人的天赋、灵感在起作用，不是每个人都做得到的。包括拉小提琴，都一样的。他说化学实验也是这样。它有些东西是比较死板的，比如测量，我用仪器就给你测出来，这没问题，但它有些事情就不是这样。所以，化学它非常强调经验。

颜晓川：有体现它艺术性的例子吗？

黎乐民：比如做有机实验，就是有机化学了。同样的，我写在纸上告诉你，加什么东西，加热几度，搅拌的速度，有的人的产率 80%，有的人做的是 30%，有的人根本做不出东西。它就是说，你哪个地方没有体会到那个地方是一个关键，你就不行了。实际上我们有些同学做得很好，有的就做得不行。同样的讲义，同样的设备，都摆好了，但是有的就行，有的就不行。

颜晓川：化学为什么会出现这种“艺术性”呢？

黎乐民：对啊。为什么你觉得更像艺术一样，你这碰又不行了，那碰又行了，那是因为我们没完全掌握它的规律。我一旦掌握规律，我就知道了，你不要往那去，别往这里来。知道了，就不会往那走。

颜晓川：就是可以说，比如说我知道规律之后，就知道这个一定是要多少分钟，温度一定要固定在多少度，这个就可以给它确定下来，根据这个规律，就可以……

黎乐民：就是啊，如果我知道这事情是怎么回事，我就很有把握地、很顺当地往前走，不会出问题的。就像一条路一样的，黑乎乎的，有没有坑我也不知道，也可能我一脚就踩那坑掉下去了，可是我知道了那里有个坑，这边这条路，比方说有台阶或者怎么可以走，你绕一下，绕过那个坑，往前走，那你就不会出事儿了。所以就是说，你掌握它的规律，了解它的……

颜晓川：了解它的实质？

黎乐民：了解它的实质的东西是什么，那你就能避免这些东西。你就主动地避免了。所以，随着对化学的认识的深入，这种看起来像艺术一样，怎么莫名其妙的，他做得很好，我做得就不行呢？那是因为，其实我们俩都没有很好掌握它的实质的东西。我做得比较好，只是我比较认清路，我平常……

颜晓川：走的路比较多，就有那种感觉？

黎乐民：对对，我感觉……

颜晓川：哪里有坑？

黎乐民：对啊，我就过去了。就靠这个。等到将来，更多的（实质性的规律），大家都了解了，那你怎么样，我就能怎么样。

这里，我们可以看到，黎乐民院士对化学的本质的认知，有三个关键的里程碑：

1）第一个是他认识到科学的本质是探索规律，而不是生产产品❶；

2）在上一个认知的基础上，他进一步认识到了，化学作为一个科学学科，其理论（规律）在描述现象的完整性和预测现象的准确性上，与物理学相比，还有很大的差距❷。

3）最后，在这两个认知之上，他开始构建自己的根植于学科本质内核的个体目标：化学这个东西呢，盲目性比较大，在理论方面能不能提高？

而正是这一深度目标的成功构建，使得他此后数十年的工作有了一个方向，并取得了对于该学科有重要价值的成果。我们可以看出，他的这一深度目标之所以得以构建，是依赖于他之前对化学本质的两次认知进步。所以，我们这一小节的主题“进入本质”对于人才在学科中找到重要的、有意义的战略方向，是奠基性的。当然，这一步对于中学生来说还比较困难，所以我们不将其绑定在招生录取机制中来讨论。但是，我们不排除部分中学生已经构建了一定深度的对于学科本质的认知。如果有，参与面试和审核申请材料的教授应该予以考量。

❶ 这是科学学科和工程学科的一个普遍差异。

❷ 这导致了化学学科里的很多工作，都带有了一些“艺术性”的成分。

13. 已有成就

在构建了一个有深度的、与学科的本质有高度相关性的目标方向后，下一步就是对该方向上已有的创新和成就有一个大致梳理。这个梳理的过程，就是最有针对性、最高效的学习过程。已有的创新和成就，对于进一步进行创新和突破，具有两个重要意义。第一是它能作为进一步创新的模板和指引。第二是它能让工作不再重复。还是以化学学科和黎乐民院士为例，就黎乐民院士所述的“化学这个东西，盲目性比较大，理论方面能不能提高”这一目标，有哪些已有的成就呢?

黎乐民：后来我就跟徐光宪先生做量子化学。

颜晓川：为什么选择量子化学呢?

黎乐民：就是因为化学开始时完全是靠经验，后来从 1928 年量子力学建立之后，Heitler 和 London 用量子力学的方法，证明了原子为什么会形成分子。证明了两个自由的氢原子，会自动地变成很稳定的氢分子。这就解释了为什么会有化学键。在此前是不知道的，化学家就根据经验说，这两个原子能化合，所以就有一个化学键。但是这个化学键是个什么玩意儿啊？什么东西？不知道。

所以最早的文献里，化学键都是画一个钩，然后假定每个原子有不同的能力，一个人有两个手，钩两个，就两价，三个手就三价，一个手就一价，就在这个基础上，把化学实验的事实搭成一个理论框架。但是，到底，最根本的是，为什么这个原子就要跟那个原子钩上啊？它不钩不行啊？还有为什么有的原子可以有两个钩，有的原子有三个钩，有的原子就没有呢？惰性气体没有钩，被认为是不能化合的，到底是怎么回事？都不知道，只知道反正实验就是这样。量子物理建立起来，Heitler和London的功劳，就说明了为什么原子要钩成分子。

颜晓川：从物理的本质上。

黎乐民：对，把化学变化的物理本质弄清楚了。在这个基础上就建立起了量子化学。就是用量子力学的方法来研究化学问题，这个就是量子化学的定义。过了没有几年，就出现了Linus Pauling，化学键理论那个。他把量子力学……因为，Heitler和London的那个理论，证出了很简单的一个氢分子。氢分子虽然简单，它说明了化合的本质，还是很重要的，就是我们物理基础清楚了，但是实际的化学问题是很复杂的。所以Pauling把（Heitler和London）的那个方法推广，可以处理普遍的化学的问题。

颜晓川：就是各种化学键都是怎么形成的？

黎乐民：比如说SP3杂化，SP2杂化，SP杂化，一下就把化合物的结构，四面体的，平面的，长的，正八面体的，为什么结构是什么东西，都给它弄出来了。Pauling的理论就是一下子把化学那么多杂乱无章的那么多的材料，归纳到了一个框架里面。

颜晓川：你知道这个基础的框架，你就能推算出来各种乱七八糟的那种化学键都是什么样子的？

黎乐民：Pauling 还做不到这一点。从量子力学的原理讲，Dirac——就是量子力学的奠基人，他讲过，化学的问题已经解决了，化学的物理问题已经解决了。化学存在的难题、问题，其实在于它（化学）的 Dirac 方程，就是化学的波动方程太复杂了，数学上没法解决，所以原则上都是物理问题。所以，用量子力学，原则上能够把化学问题都给说清楚；但是实际上你算不出来。所以 Pauling 就变成一种物理图像的说法。

实际上，什么 SP3，四面体，就这样出来。它一下相当于，你可以这么理解，把库房里乱七八糟的堆的东西，弄了个架子，不同的东西摆在不同的架子上，井井有条。所以他贡献很大。虽然不能定量，但是可以推论，可以说明，但是不能定量算。后来逐步逐步发展成量子化学。还有一波人很努力地解决数学问题，他（Dirac）不是说困难在数学嘛，后来人们就解决数学问题。这一步应该是不快的，1930 年到 1960 年基本上都还是很差。

后来就得利于计算机的发展，计算机基本上四几年就有了，但是一开始只是国防部门才有，一般人都见不到的。但从 70 年代开始，计算机普遍发展。后来这一二十年吧，计算机了不得，改变了整个人类的生活。它在学术上，也是改变很大。对化学来讲，也是改变很大。现在你做量化计算，做理论模拟，模拟一个化学过程，虽然说不能准确地定量，但是把化学原来纯经验的基础，给它挪到物理基础上来了，而且在一定范围内，用数学手段，可以预测到结果。

从这一案例中，我们可以看到，黎乐民院士在认识到化学作为一个科学学科的本质特征后，逐步建立了他自己的与学科本质高度相关的目标——“让理论的预见性更强”。在建立这个基本目标后，他就有针对性地了解在这个方向上已有的创新成果。而这种带着目标的学习，是最有效的学习。在这个过程中，他清晰地构建了从 Dirac，Heitler 和 London 到 Pauling，再到后面从事“数学工作”的量子化学家，再到后面有计算机参与的整个量子化学的发展的框架。而这一步，为他后面自己开始做出拔尖创新的成果，成为该领域的拔尖创新人才奠定了基础。

14. 深层创新

经过前面所有的经历，黎乐民院士就可以进入真正的深度创新的工作中去了。在看到了学科的本质，本质的发展潜力，已有的创新，以及当前的可能性（计算机参与辅助量子化学的数学工作）之后，他就找到了做出创新成果的着力点。

颜晓川：化学未来大的发展方向？性质会不会变？

黎乐民：我认为化学的基本原则是不会变的，它就是为了改变人类的生存环境。但是，能力会越来越强。一个是从理论的预见力，计算机越来越厉害了。我现在正在负责一个理论和计算化学的发展规划的项目，就是说我们怎么发展，让化学通过计算来更准确地预见它的结果。这是一个方面。

当然，黎乐民院士所选择的创新的着力点，也并没有脱离最初的个人的目标，以及化学本身的基本目标：改善人们的生存环境。

颜晓川：这些结果主要有哪些方面呢？比如反应速率啊？

黎乐民：对，都有。你看，做出来的东西好不好，我现在不是说做出的东西就是我的目的，不是的！我要做出对我有用的东西，而且是有百利而无一害的东西，没有环境污染，但是又很好用：要求越来越高了。就是说，改善生存环境嘛，我要我需要的东西。

颜晓川：计算化学的参与，对这个目标有什么帮助？

黎乐民：我就可以少做了。原来做一万种，挑出一种来；现在不啦，最好做一种，就是一种。不能的话，我做十种，就挑出一种。那不是效率高很多嘛？

颜晓川：你预先是不是就可以用计算机来模拟它跟哪些产物可能会发生化学反应，会生成什么样的，有没有有害的？

黎乐民：还有生成的东西，导电性是不是最好？是不是吸收阳光能力最好？性能是不是好？

颜晓川：这个可以先用计算机来模拟？

黎乐民：对对对，这就是理论化学要干的事，通过计算的手段，要干的事儿。将来的发展，就是希望它这方面的能力越来越强，那我就少干很多事儿。

颜晓川：就不用真的把它做出来，在实验室里面去试？

黎乐民：对。另一方面呢，说到头了，你哪怕算出来，不做出来，还是没有用。因为它不是说像数学它证明一个定理，非常有意思，证明完了就不管了。化学你要拿出东西来啊。你没东西……你不是要改善生态环境么？我不能靠你的公式和几篇文章啊；我得靠你拿出东西啊。所以说，另一个角度，它发展呢，就越来越能够控制实际化学的反应，就是化学的进程，化学怎么走法。比如，我预见到这个东西最合适了，我算出来，可你怎么把它做出来？你做不出来白搭。所以怎么能更好地控制，让它不产生副产品，就是说我往这条路走，值当的，产率很高，找到我要的东西。这个，简单讲，就是两件事：一件事，怎么能预见到你最需要的东西；一个就是你如何用最有效的办法，做出你最希望得到的东西。

颜晓川：第二个事情也可以用计算机来辅助？

黎乐民：不，第二个是要做啊，光靠计算机是不行啦。当然，哪条路径最好，你还是可以用计算机去研究它，但是，实际上你还是要去做的。不管怎么样，你还是要先去做。说到头的话，我是要东西，要拿到实际的物质。我们说改善生活环境，当然是指物质来改善生活环境。你非得给我东西才行，给我物质才行，你光是理论上的东西好是不行的。所以我觉得将来化学的发展，简单讲还是往这两个方面。当然，这个事情是复杂的。

颜晓川：基本目标还是一样的。

黎乐民：比如药，我哪种药治病最好？化学生物学，表面看起来，是研究它的机理，就是说他到底为什么得病，是什么样的过程可以把这个病给消除掉。但是你要再往前看，你研究这个干吗呢？我无非是将来希望找到一种药，一下子给它治好了。所以，化学的目的，最终还是这东西，这种对我们有用的东西。

最终，黎乐民院士顺着他自己找到的这个突破口继续走了下去，并因此在理论化学与计算化学领域取得了多项重大的创新成果。理论与计算化学研究所称黎乐民为“中国著名的量子化学和物理无机化学家。几十年来，他的研究工作涉及实验化学和理论化学的多个领域，成果丰硕，影响深远”。黎乐民院士的导师徐光宪院士也称“在量子化学理论方面，黎乐民早已超过了我”。所以，黎乐民院士是中国当之无愧的“拔尖创新人才”。

15. 总结

我们可以看到，一个国家要产生一个像黎乐民院士这样的拔尖创新人才，需要很多层面的条件。就他本人的案例来讲，首先社会的“大生产”的宏大叙事，指引他进入化学领域，成了“基数”的一部分。在进入领域后，又有国家的大攻关、大项目让他留了下来。然后，在“让我干什么，我就干什么”的经历之后，他成功地找到了自己的定位和目标。在这个过程中，他也对学科的目的、手段和本质都有了更深入的认知。在此认知的基础上，他构建了自己具体的创新突破的方向，最后在有针对性地学习了该方向已有的创新成果后，找到了一个有效的切入点，才最终形成重要的拔尖创新的成果。

所以，我们需要看到，最后的这个拔尖创新成果的出现，或者一个拔尖创新人才的形成，是一个很难的过程。在我们前面提到的几乎每一个步骤，都会筛选掉一部分人。而像黎乐民院士这样在每个步骤都因为有突破而在成为拔尖创新人才的这条道路上留下来继续前进的人，则少之又少。

那么，从黎乐民院士这个案例中，我们能得到什么关于拔尖创新人才培养的启示呢？我们能看到，黎乐民院士的成才过程，大致分为两个大的阶段。第一个阶段是国家通过宏大叙事构建“基数”的阶段。如果没有国家的宏大叙事，没有社会上统一的“生产是第一要务”和“科学技术是第一生产力”的氛围，黎乐民院士应该从一开始就不会进入科学领域，也不会出现“语文老师劝我学化学”的事件发生。第二个阶段是相反的，是黎乐民院士自己的个体性萌发的阶段。他的个体性的萌发带来了他自己在学科里的定位和目标的形成。而这个定位和目标的形成，指引着他朝着学科的本质和内核持续探索，并找到了一个与学科本质深度相关的创新的方向。

所以，黎乐民院士的案例向我们指出，社会主义国家擅长的国家层面的宏大叙事和西方国家较为擅长的发展个人的天赋与个性，对于拔尖创新人才的孵化，都是有价值的。所以，我们如果能够构建一个取各家之长的体系——一种由宏大的叙事、集中的思想氛围来创造“基数”❶，但又不压制个体性、独立思考和深度内驱力的萌发的，并且关注并大体解决学科适配性的体系，就能最高效地利用两种制度的优势，是为拔尖创新人才培养的最优解。

❶ “基数”对于拔尖创新人才的孵化也较为重要。美国教育界的一个重大议题，就是当前美国全社会仅有5%左右的本土高中毕业生进入理工类专业。这和中国的50%左右的比例形成了较大的“基数”差异。这是美国社会当前对于其本土的科技发展的可持续性的一个重大的担忧。

BIOLOGY

第五章

生物学

5

生物学拔尖创新人才

调研实录

金力

金力，中国科学院院士。历任复旦大学生命科学学院院长、研究生院院长。现任复旦大学校长。国家自然科学基金委创新群体带头人、中国遗传学学会副理事长、中国人类学学会副会长，先后担任Phenomics等十余家国际杂志的主编或编委。任“十二五”国家“863计划”前沿生物技术主题专家组组长，“十三五”国家精准医学研究重点专项专家组组长，“十四五”国家生物与信息融合重点专项专家组组长。迄今，在Nature、Science、Cell等国际重要学术刊物上发表论文800余篇，被引44 000多次。曾获国家自然科学二等奖（2次，第一完成人）、谈家桢生命科学成就奖、谈家桢生命科学创新奖、国际人类基因组组织（HUGO）卓越科学成就奖、何梁何利基金科技进步奖、上海市科技精英以及省部级科技进步一等奖等奖励。

调研过程与议题

在教育部的《全国高校学科评估》中，复旦大学在生物学领域排名全国第一名。因此，复旦大学的生命科学学院是我们进行生物学拔尖创新人才调研的国内选址之一❶。除了国内的选址外，我们还在美国哈佛大学和麻省理工学院（MIT）进行了生物学的拔尖创新人才的调研。哈佛大学和麻省理工学院（MIT）在生物学领域分别排名世界第一名和世界第二名❷。

在复旦大学的生物学学科调研中，我们对包括曾任其生命科学学院院长，现任该校校长的金力院士在内的十余位师生进行了学科调研访谈。在我们的学科调研中，金力院士指出，一个学科的发展，以及一个学科内拔尖创新人才的孵化，需要多个层面的合力：

1. 在政府层面，政策和资金的支持必不可少。
2. 在私营部门层面，和高校的紧密结合，提供人才、技术、数据、资本的合作，也有利于学科的发展和拔尖人才的孵化。

3. 在社会层面，如果是一个显学，则会受到更多的关注、理解和支持。

对于个体学生（拔尖创新人才培养）而言：

1. 与学科的基本能力要求（例如生命科学对化学、物理、数学的一定的需求）的适配度，是进入该学科的基础。

2. 对生命现象的好奇、兴趣，以及与生命科学的学科思想相适配的世界观、价值观，是进一步激发内生动力的关键要素。

3. 对学科的一些具体的工作模式（例如生态学的野外工作），与学科具有较高的适配度，是能否坚持长期投入这一领域的重要因素。

4. 在进入一个领域后，是否具有“好的想法”是能否做出原创性成果的主要制约因素。

对于教育体系的构建而言：

1. 产生“好的想法”的基础，是具有“独立思考”能力。

2. 部分学者认为，在中国高校的本科阶段的教育中融入 Liberal Arts（博雅教育）的理念，可以更好地孵化出“独立思考”的能力和倾向。

❶ 我们另一生物学的国内调研选址为北京大学。

❷ 根据《QS 世界大学排名》的生物科学学科排名。

1. 发展阶段

我们在调研的过程中发现，学科的不同“发展阶段”，会造成该学科“可做的事情”的多或少。例如，我们调研的一位当代运筹学和营销科学的奠基人，美国科学院院士 John Little 教授就说到，他从物理学转入运筹学和营销科学，就是因为物理学的框架发展得太成熟了，所以没有特别多“可做的事情”，因此他在麻省理工学院读物理学博士期间，决定转到一个还有大量“可做的事情”的领域。他的原话是说：“有人用量子力学构建了氢原子的电子轨道模型，是个很伟大，而且在数学上很简单的事情。但是后面的人再继续做类似的工作，去给氦原子建立电子轨道模型，其数学的繁琐程度就要高太多了，而且意义并没有第一个氢原子的模型那么大。所以，我要去一个还有很多‘氢原子’的学科。”

另外一位天文学的著名学者（哈佛大学天文学系系主任）Avi Loeb 也举出了类似的例子，就是物理学，特别是粒子物理学，它的理论框架发展得已经非常成熟，甚至其理论框架已经远超出现在的实验设备可以验证的范畴。所以，在粒子物理学里，只有极少数的问题是可探讨的。因此，在这个领域，全世界要出一个重要的成果，一般要等十年甚至更久。正是因为可做的事情很少，每一个还没有做的方向或项目都是门槛极高的。所以，粒子物理学里的每一个成果，都是由极大的团队经过长期努力才能完成的。比如一篇关于希格斯玻色子（Higgs Boson）的文章，就有六千多个共同作者。

但是，和粒子物理的情况不同，我们调研的生命科学领域的学者几乎都认为，和物理学，特别是和粒子物理学相比，生命科学有其大量的“可做的事情”，因为生命科学的理论框架还远没有达到粒子物理学的成熟度。生命科学的科研的活跃度，以及成果的数量和时间密度，就比物理学这种框架成熟、完善的学科更高。

颜晓川：您说您当时选择生物领域有一个原因，是听到一位教授讲的，21 世纪是生物的世纪。那么，过了这么多年，您现在对这句话是怎么看的？

金　力：确实是，21 世纪是生物学的世纪，这没什么问题。

颜晓川：有一些具体的例子吗？

金　力：因为你看现在的 Research 的话，相当大的部分确实是生命科学，所以生命科学这个学科现在是所有学科里面最活跃的学科。

颜晓川：它还有很多开放性的问题可以去探索？

金　力：未知的问题相当多，不像其他一些成熟的学科，未知的问题或者说可做的事情比较有限，而生命科学的话是有大量的问题。

颜晓川：而且在不断发现新的问题？

金　力：而且在不断发现新的问题。

颜晓川：我也上了几门生物课，然后也觉得特别感兴趣，因为生物每年出来的新东西都特别多。

金　力：每周出来的东西！你每周可以出来的东西，我觉得让人眼睛一亮的东西，每周都有几十个、上百个！

2. 复杂程度

实际上，一个学科的“可做的事情”的数量，除了和学科的发展阶段有关外，还和它的研究对象的复杂度有关。研究的对象的复杂度越高的学科，其可研究的问题的数量往往越大。例如，粒子物理系研究的是宇宙中所有物质的最基本的构成单位，它们是宇宙中最简单的物质单位，因为其他所有物质形态都是由它们叠加构成的。正因如此，它们的种类并不是很多，也就几十个。所以粒子物理学研究对象的简单性，直接带来了易穷尽性。

相反，生物学里的研究对象则要复杂和多样很多。由宇宙中最基本的粒子，构成了更多样的物质——原子。原子根据原子核的大小，就已经非常多样。而由这一百多个不同的原子，可以构成成千上万的不同的分子。这个时候，我们就能看到，从粒子物理学到化学，其研究的对象更为复杂（分子比基本粒子更复杂），同时其研究的对象的种类的多样性也更大（分子的种类比基本粒子的种类更多），所以化学可以研究的对象多于粒子物理学，因此化学的“可做的事情”比粒子物理学更多。

而生物学，就是在复杂性和多样性这条路上，比化学更往前走一步。传统的化学和生命科学的大致边界在蛋白质分子。比蛋白质分子更简单的，比如氨基酸分子、碳原子、化学键等，就大致属于化学的范畴；而更复杂的，比如细胞器、细胞、组织、器官、身体、种群，都是生命科学的研究范畴。所以，生命科学研究的对象，其构成比化学研究的对象普遍更复杂，因此生命科学里“可做的事情”甚至比化学更多。

颜晓川：您认为生命科学的核心特质是什么？

金　力：我想主要是两个特点。一个是它的复杂度。生命科学的研究，它更具有挑战性，因为它是相当的复杂！

颜晓川：它的复杂性是因为它的相互影响的因素特别多，然后它们（这些因素）相互正的、反的互相作用？

金　力：因为它是一个系统。这个系统它本身不是一个简单的系统❶，而是一个相当复杂的系统❷，你可以看到几万个基因❸在一个细胞里面搞❹。

当然，生命现象的复杂性，除了一个系统内部的要素之间有极为复杂的相互作用外，这个系统还会和系统外的环境中的各项要素进行互动。例如，这里金力校长就以人的生物节律系统与环境中的光的相互作用作为一个例子，来体现生命机制的复杂性和精巧性。

颜晓川：它们（各要素）就相互制约、相互影响。

金　力：所以你就可以看到，它会形成一些非常精致的控制系统。你比如说人的生物节律。生物节律它本身有一个自主性，但是又受到光的影响，而这些东西如果你把它转化成一系列生物化学反应，你会发现几十个分子甚至上百的分子在这里面形成一个相当复杂的网络，然后先通过一个或者数个反馈机制，形成一个回路来达到它的目的。可以把它看成一个机械化的东西，但是它可以根据它本身自主的特性，有一个节律的循环的控制。但是通过光的影响的话，又可以对这个东西进行调整。它究竟是如何调整的？

人往往以为说你是通过两只眼睛去感受光的。确实是两只眼睛很重要，但是盲人也能感受到，盲人的话，他的生活节律，他的早晚，自己也能自主。他的整个生理状态，实际上还存在第三只眼。第三只眼的话又是如何感光的？就是说它（第三只眼）是怎么样跟大脑对接，怎么能够进入，把信号输入大脑，然后控制大脑的系统的？

颜晓川：这样的复杂的体系！

金　力：这（生物现象）就要比，就是说给个力，然后它有不同的❺……要复杂得多了，这个（生命科学）比较精彩。

❶ 相比于一个细胞，一个含有质子和电子的氢原子也是一个系统，但是它是一个更简单的系统。

❷ “复杂的系统”这个概念有两重含义。第一是变量很多，此谓“复杂”。第二是这些变量之间会相互影响，相互作用，此谓“系统”。

❸ 这里，“几万个基因”是对于“复杂”概念的示例。

❹ 这里，“搞”是对“相互影响、作用”概念的示例。

❺ 这里金力校长说“给个力，然后它有不同的（运动轨迹）”指的是物理学的简单性。

3. 显学

生命科学的科研活跃度和出成果的数量一直高居各学科的榜首，其原因包括我们前述的学科的特性（研究对象的复杂性和多样化），还有它的发展阶段（理论框架还不是很成熟和完整）。除了这两个原因之外，还有一个重要原因：生命科学本身与人的健康有关，因此它是一个社会整体较为关注和愿意投入的显学。

颜晓川：我看像《Nature》,《Science》上面一大半的都是跟生命有关的文章。

金　力：这就是为什么 21 世纪是生命科学的世纪，就是这个道理。你就从它 activity（活动，活跃）的量，你可以看到。

颜晓川：它 activity 的量主要是由什么决定的呢？

金　力：当然这些东西很大程度上是跟学科的特性，它不同的发展阶段有关系，还有一个是需求（by need，by demand）。

颜晓川：你觉得放眼未来的一段时间，它势头也……

金　力：会保持。应该会越来越多，因为未知的东西太多了，而且就像你刚才说的，在做的过程当中发现的问题更多，所以这门学科现在的活力非常大。再加上经济发展到现在，人类文明发展到现在，对自身的健康的关注也越来越多。

所以所谓大生命科学，它既包括生物学本身，还包括跟生物学、跟生命相关的医学。它们的科研活动，你可以看一下，美国科研资助的经费的相对的量，以及各个国家自主科研经费相对的量，基本上反映了它的科研的活跃度。

颜晓川：生命科学的经费的量相对其他的学科……

金　力：生命科学，包括医学，应该肯定是 number one（第一）。

颜晓川：在国内也这样吗？比如说政策上有哪些支持？

金　力：这个我可以给你花上 100 个小时跟你说。是有很多。就是说无论从科技部的经费也好，从自然基金委的经费也好，国家对生命科学的支持越来越多。

颜晓川：生命科学这方面，它主要的经费来源都是哪些？

金　力：主要的渠道，就科技部和自然科学基金委。

生物学的显学性质带来了政府（公共部门）的关注与支持。当然，除了上面讲的公共部门（例如科技部、自然科学基金委等）外，私营部门（企业）也是支持生命科学发展的一股重要力量。这其中，制药行业是生命科学最直接的受益者，因此也是其最重要的支持者。

颜晓川：除了这两个（科技部和自然科学基金委），民间的企业，比如制药公司呢？

金　力：这些也有，但是在中国的话还远远不够，不像在美国或者欧洲，大的企业尤其是制药公司投入到生命科学或者医学的研发的经费很多。中国的话，它在慢慢增加当中，需要一个过程。

颜晓川：您刚才说那些国际上大的制药公司在上海开的研发中心，也是做与新药研发有关的工作吗？

金　力：相关的。

颜晓川：药物研发方面的工作对生命科学的毕业生的需求量就很大？他们什么样的具体工作需要运用生命科学的知识？

金　力：药主要是分两大类。在中国分三类，在西方分两大类，一个是化学药，一个是生物药。中国再加一个中药。但是中药也是可以用现代科学的手段去寻找有效的成分，compound（化合物），然后像西药这样去研究，然后去研发。

无论化学药也好，生物药也好，因为它的治疗对象是什么……所以它的毒理，它的有效性，然后它的具体的设计，都需要对生物学的过程有充分的了解；对生物技术，尤其是对比如说细胞培养，对检测也都有需求，所以需要很好的生物学的背景和训练才能去做。

原来的化学药，因为中国是仿制，更多的是在化学合成这一块；但是现在做新药研发的话，你必须要跟生物之间打交道。生物药就不用谈了，因为这里面大量的涉及基因工程。

颜晓川：除了新药研发，还有哪些传统的或者是新兴的产业，对生命科学的毕业生有需求？

金　力：农业、医药、能源，还有生态环境，就是现在那些污染的治理。

4. 两个层面

我们在上一章里，化学家黎乐民院士提出了“任何生命现象，都伴随化学的过程”这一说法。实际上，他认为，生命现象的本质，其实就是化学。同时，他又指出，要学好化学，就需要学好物理；而要学好物理，又需要学好数学。所以，要学好化学，就需要学好数学、物理。那么，如果生命现象的本质是化学反应的话，那么我们要学好生物，是不是也需要学习一定的数学、物理和化学的内容呢？

颜晓川：学生如何才能学好生物学？

金　力：生物实际上是一个面非常广的科学。传统的生物教育——生物科学的教育——偏重于生物本身。

颜晓川：但是？

金　力：不要轻易地放弃学科交汇处的数学、物理、化学。这些东西是对基本的自然过程的描述，而这些东西对生命科学的发展起着至关重要的作用。

颜晓川：所以？

金　力：就是说不要去限制自己。

颜晓川：数学、物理、化学？

金　力：因为我当时就是学数学和遗传学的，就是说等于两个专业的培养，所以后面有很多优势。

从一个角度来说，学生需要理解生命现象的本质，就需要对生命现象背后的更根本的原理（化学、物理等）有一定的认知。在这一点上，生物学家金力院士和化学家黎乐民院士有同样的看法。但是，作为生物学家，金力院士指出了生命科学学习中，超越了化学的，一种专属于生命科学的视角和思维模式。

颜晓川：那您觉得生命科学和物理、化学等这些其他自然科学相比，有独特性吗？

金　力：它（生物学）的另外一个特性就是它是活的。它（生物）能够繁殖，能够生存。首先是活的，它不是一个简单的化学过程，也不是一个简单的物理过程。所以生命本身作为一种现象，作为一个特征的话，我自己觉得是非常吸引人的，这也是我们在教学生的，就是说因为现在做的东西越来越到分子水平，然后在整个教学过程当中，学生并不缺乏这方面（分子生物学）的知识，但是往往是我们会发现这个东西[1]走过头以后，就是学生在研究的时候，没意识到他们研究的对象居然是活的。

颜晓川：他们把它当成化学反应，然后你觉得就……

金　力：因为你只有看到它活的特征的话，你才知道这个东西是化学，但是实际上又不是化学。

实际上，生命科学是我们调研的从最简单的研究对象（物理）到复杂的研究对象（依次为化学、分子生物学、心理学、生态学、社会学、历史学等）的学科中，首个出现的反对绝对的还原论（Reductionism）的学科。还原论指的是，一切事物，包括生命现象、社会现象，完全是由分子、原子、基本粒子的作用而产生的。而反对把一切事物都“还原”成分子、原子、基本粒子的效应的思维模式，就是反对绝对的还原论。这一思维模式，我们在生态学里看到的比分子生物学里更多，但是分子生物学是我们开始看到这一思维模式的起点。所以，我们可以基本总结为，研究的对象越复杂（离基本粒子的形态越远）的学科，其还原的难度就越大，其现有理论距离精准还原的距离也就越大，其学科思想离绝对的还原论也就越远。

我们讨论这一点，除了由于我们对于学科特质作为一个研究对象的好奇外，也与教育学的实践有关。就如我们在上一章里所讨论的，学生的个体的世界观和价值观要与自己所选择的学科专业的思想相适配，才能最大限度地发掘出学生在这个学科里的内生动力和创造力。因此，在价值观的适配层面，学生自身对于还原论的相信和舒适程度，是他判断自己是否适合进入某一学科专业的一个考虑维度。

❶ 指从分子或者化学反应的角度来理解生物学。

5. 田野工作

除了知识技能（数学、物理、化学等）和价值观以外，生命科学的部分分支，还对学生有其他的要求。在当前的生命科学学科框架里的专业，大致可以分为两个子框架：一个是生态学，一个是分子生物学。与分子生物学框架较为接近的相关专业，实验室工作的需求更多；而跟生态学框架较为接近的专业，则有一个新的需求——野外工作。而这个新的需求，也有着与常规的实验室工作完全不同的挑战。

颜晓川：生命科学里的部分领域是要求有野外的田野工作的？这样的工作到底是什么样的性质呢？

金　力：做田野的话就有很多种，你比如说到外面采蝴蝶采虫这样的事情；到外面捡树叶，然后拍照也是田野工作。

颜晓川：您的团队做过人类学式的田野工作？

金　力：我们的话，主要的研究对象在前面一段时间是少数民族，就是它的人群，你要到村子里面，就是说跟他们做宣传，然后鼓励他们捐献他们的样本。

颜晓川：一般是抽血还是？

金　力：有抽血，有采头发，有采唾液，这些都做过。最近的话我们实验室更多的是做人群的调查，所谓人群疾病的调查和健康的调查，对人群的健康状况进行长期的跟踪。

颜晓川：现在田野工作中有没有遇到什么比较典型的困难？

金　力：这些困难会非常大，而且这些困难不典型，也就是说每个人群都有它自己的特殊性。你要说服他，让他把样本给你，那本身就是需要能够对当地社会有足够的了解，而且能够说服他。

颜晓川：你有这方面的故事吗？就是说遇到的某一个困难怎么样去处理的？

金　力：像这些故事基本上都不宜公开，原因是，各个群体有它的社会的特殊性。你就得有各种各样的说服工作，各种方式。比如说比较有意思的，在2006年的时候，我们去了老挝，老挝的话它是大概三分之二的人群（按照种族的人口的比例），我们都采到了样本，整个过程就相当艰辛。

去是坐飞机，到了那边又坐火车，又坐公共汽车，又坐拖拉机，又坐大象，又走路等等，这些都是田野工作。实际上是非常艰苦的，但也是对学生的一个很好的培养，尤其是对城市，特别是大城市背景的学生，他们能够更多地了解社会的基层。因为我们去的地方都是东亚或者东南亚这一带最艰苦的地方，少数民族他们的生活条件，跟主要民族相比，往往是比较差一些的。所以我想，对学生来说，花一段时间在农村或者偏远地方，对他们的人生价值的建立和对社会的理解都会有很大的帮助。

实际上，我们在对生态学的学者进行调研时，他们大都强调，生态学和分子生物学对学生的需求有显著的不同，其中的一个不同，就是生态学对于野外工作的需求。而这一维度“野外性”也应该是学生在做学业方向规划（如专业选择）时，应该思考的维度。对于高校而言，通过综合评价对学生做出包含“野外倾向”在内的超越单纯纸笔考试分数的判断，对于生态学这类的有频繁的野外工作需求的学科，也是有价值的。

6. 周期性

传统的高校招生模式仅仅依赖纸笔考试的分数，而不考核学生与所报考专业的契合度。这不仅导致了一些学生的学科错配，实际上影响了高校拔尖创新人才培养的效果，还造成了“盲目扎堆”，导致热门学科专业过热，以及周期性地出现教育资源分配机制失调的结果。其中，生物学这个学科就是一个很好的典型，因为这个学科既经历过盲目的过热（只要分数高，就盲目报生物学的社会潮流），也经历过与之相反的盲目不信任（例如社会上流行的“生化环材四大天坑”的说法等）。

颜晓川：国内对生物科学人才的需求量还比较大，还是比较饱和的情况？

金　力：是这样。这么说，需求在增加，而且增加得很快。从大学培养来说，因为前面一段时间当需求还不是太高的时候，由于社会的宣传导向，说生命科学重要，大家也认为生命科学重要，所以在中国很多大学里面建立了生命科学学院，大量培养人才，但是我们的产业和需求还没跟上，所以在相当大的一段时间里面造成了人才的过剩。

这个过剩的原因也分两个方面，一个是人多，还有是培养质量不高。这种情况，在最近几年，你可以看到已经发生了一个相当大的变化。国内对生物科学的人才的需求增加得很快，这里面，社会的发展需要这些东西，然后与生物学相关的企业的增加也大量需要人才。但是不管在什么时候，都是需要好的人才，所以粗制滥造培养出来的学生实际上是不可取的，基本上对社会贡献也不大。

为什么说社会上流行的“生化环材是四大天坑专业”的说法，是一种盲目的不信任呢？实际上，就如金力校长所说，社会上的各种说法，其实是有滞后性的。这一说法大致是在2019年出现，在2021年流传开来的。但是，生命科学的人才供给的过剩，大概是从20世纪90年代末就开始产生。也就是说，社会上的这个说法，其实滞后了大约30年。同样的，生命科学的人才供给的平衡虽然已经向好，但是社会上的认知并没有跟上。所以，根据社会上的普遍的说法来做自己的学业规划，其实是一种误导。

颜晓川：哪些行业、哪些类别的企业，它们有些什么样具体的工作会用到生命科学的这些人才？

金　力：这里面实际上是两方面，一个是研发，一个是产业。研发的需求量增加很多，各个大学、研究所、企业增加很快，包括比如说在上海，国际十大制药公司里面大概有8个还是7个都在上海建立了研发中心。然后各个大学里面它的生命科学的人才需求也扩展得非常快，比如说举一个例子，像复旦大学生命科学学院，在10年前大概是20多个课题组，现在的话已经有60个课题组，按照这样的增长趋势，可能在今后10年的话会增加到150个课题组，这样的话需要大量的人才。

从生产角度，从产业角度来说的话，跟生物科学或者生命科学相关的产业，包括制药，包括诊断、诊断试剂的生产、疫苗等等，在中国也会越来越多，也是这些产业增加很快，所以也需要大量的人才。

颜晓川：像国内现在也开始搞新药研发这一块？

金　力：国家投入非常大，然后产业投入也非常大。

颜晓川：我记得以前好像说国内对这方面不是特别重视？

金　力：你会看到5年以后10年以后的话，中国会每年有相当多的新药，能够推到国际上去。社会和政府的投入那是惊人的。2005年到2020年做了一个长期的规划，并且做了一个相当大的投入。

7. 科研条件

生命科学的研究，与我们在前面章节里涉及的比如数学学科有性质上的不同。数学的研究对于外在资源或者资金的支持并无依赖，而生命科学的研究，很多情况下依赖于仪器设备和材料，因此依赖于足够多的经费的投入。而中国对相关学科的经费投入，正如金力校长所说，已经与发达国家不相上下，甚至更多。

颜晓川：学生物的同学，您鼓励他们出国深造？

金　力：原来是这样。但是现在你也注意到很多变化，也就是说因为随着大量的人才回流了以后，国内的科研水平也越来越高。所以就像复旦大学，原来几乎最好的学生都出国，但现在的话，也有一部分非常优秀的学生，他们愿意留下在国内接受研究生阶段的训练，然后再出国。

但出国这件事情，原来它的功能主要是求学，因为国内外科研水平的差异，而现在的话，除了求学以外，更多的是拓展眼界，加强国际交流这样一种功能，而不仅仅是求学。

颜晓川：然后国家对这方面投入也……

金　力：投入的话是科研经费增加了将近10倍。从一个学院来说。

颜晓川：您回国的时候建了一个实验室。比方说您建实验室那个时候的情况，跟现在差别就已经很大了。

金　力：工作条件的话，当时的科研经费就是几万块钱。我当时在复旦建实验室的时候，1997年的时候复旦给我5万块人民币。我现在这边的科研经费的话，一年大概……因为我不大希望说这个数字，因为说了以后别人会感觉到，有些同行或者就会感觉到，你凭什么拿那么多钱，现在大概几千万……你可以看到这种差别根本不是一个数量级上的。

颜晓川：现在中国的好的大学其实不缺科研经费。

金　力：所以，现在中国的问题，就是做得好不好，根本就不再是一个条件好不好的问题。原来是说我条件上不行，现在根本不是一个条件的问题，关键是一个文化的问题，就是创新文化的问题，以及能力的问题。你再做不上去的话，根本没有资格说这是条件不好，现在不存在条件不好的问题。

颜晓川：你要有一个很好的切入点。

金　力：要有一个很好的想法。

就像金力校长提到的，国内的科研的经费、设备、材料等物质条件已经很强了，因此对于产生拔尖创新成果的物质的瓶颈已经不存在了。现在真正限制拔尖创新产生成果的瓶颈，其实在于有没有“很好的想法”。那么，如何孵化出更多的“有很好的想法”的学生呢？我们将在下一小节里讨论这一点。

8. 本科教育

中国高等教育界的一个思路是，要培养学生的“独立思考”能力，要让学生后面能够有更多“很好的想法”，应该在本科阶段融入通识教育/博雅教育（Liberal Arts）的理念和操作。那，什么是Liberal Arts呢？这里，金力校长对于Liberal Arts的定义，大致为“基础教育的延展”。

颜晓川：本科生的话，毕业后他们主要去向？

金　力：本科生毕业的话，在中国目前的情况下，各个学校差别很大。像复旦的话，很典型的是1/3出国，1/3在国内读研究生，1/3就业。

颜晓川：就业的同学（生物专业）一般是去？

金　力：现在就业的话，可说是各种各样，有一部分跟生物有关，还有一部分跟生物没有关系，因为本科教育，在中国，也是从一个职业教育，变成了一个基础教育的延伸，所以后面的就业，跟他的专业的相关性，不像过去那么好。

像复旦大学的话，现在本科教育阶段，更多的是往Liberal Arts（通识教育、博雅教育）这个方向去走，所以更多的是通过本科教育培养学生的能力和

leadership（领导力）。

实际上，金力校长自己做的一个以生命科学为手段，去探索一些人文社科（历史学）议题的项目，本身就具有很强的 Liberal Arts 的调性，虽然他本人并不太愿意展开讲这个项目。

颜晓川：我觉得生物学，它因为既是自然科学，但是又跟人的生命有联系，所以我感觉它好像可以作为自然科学和人文社科中间一个像纽带一样的角色。像您做的历史学和遗传学的这么一个结合……

金　力：那个是好玩（笑）。

而正是这种“好玩”，这种“自由而无用”的一些尝试，在历史上经常以当事人意料之外的形式，为人类带来重大的进步（特别是基础科学领域）。这可能也是一部分学者认可“Liberal Arts 的教育理念能帮助中国走出拔尖创新人才培养困境”这一观点的一个原因。

9. 独立思考

在前面的小节里，金力校长提到了，中国现在并不缺仪器设备。但是，为什么中国当前真正原创性的研究成果依然不多呢？原因就是有“好的想法”的人并不多。而要有“好的想法”，最基本的就是要求学生具有“独立思考”的能力，而不只是人云亦云。所以，在问到对高中生有什么建议时，金力院长就强调了独立思考、独立判断、独立决策、独立行为的重要性。

颜晓川：您对高中生有没有什么建议？

金　力：对高中生最大的建议？在专业选择上面。Follow their heart（听从他们自己的心愿）。

颜晓川：Follow their heart。

金　力：不要听家长的，不要听老师的，更不要听社会的。

颜晓川：就要独立的。

金　力：重要的是他究竟喜欢什么，他可以征求老师的意见，家长的意见，但是最终，他一生能够做自己喜欢做的事情，比所有的其他原因都重要。就业固然重要，但是并不是说一个大学好，就保证他的就业好，这是两回事情。

颜晓川：然后你觉得就是说如果他follow他的heart，然后选择了他感兴趣的……

金　力：因为你想，这个时代在不断发展，在不断进步，新的东西不断产生，时髦潮流也是在不断变更。当你在读大学的时候，你选择社会上最热的东西，当你毕业的时候，往往就变成不那么热了。因为一个潮流说走就走，而它当中有四年的差别。

颜晓川：你无法预测的这种东西？

金　力：我经常举一个例子，所谓的社会上说什么好，就像潮水，而我们每一个学生，就像一个贝壳或者像一条小鱼，然后被潮水冲到沙滩上了，潮水退了以后你就死了。

颜晓川：所以就要自己独立地去判断它。

金　力：所以这个东西的好坏并不是社会决定的，而是说你自己觉得这东西好它就是好。因为你不管这个东西的好坏，这些东西你不可预测。你一生在做你自己喜欢的事情，你才能把这个事情做好，如果这个事情你不喜欢，你不可能做得很好。

颜晓川：您对本科生有什么建议？

金　力：本科这四年实际上是人生成长最关键的时期，是人格人品养成的最关键的时期，也是自己独立思考能力养成的最关键的时期。所以对本科生的建议就是，用他的大脑去看问题，思考问题，独立地思考问题。

第六章

ATMOSPHERIC SCIENCE

大气科学

6

林金泰

林金泰，北京大学大气与海洋科学系研究员（29岁时被聘为正研究员）、系主任。北京大学大气科学、经济学双学士。美国伊利诺伊大学香槟分校（UIUC）博士。哈佛大学博士后。常年入选全球2%顶尖科学家年度影响力榜单。国家“万人计划”青年拔尖人才。获中国新锐科技人物突出贡献奖、国家自然科学基金委优秀青年科学基金。中国环境科学学会污染源排放与管控专业委员会委员。中国环境科学学会环境信息系统与遥感专业委员会委员。中国环境科学学会臭氧污染控制专业委员会委员。中国气象学会大气成分委员会委员。

调研过程与议题

调研过程与议题

在教育部的《全国高校学科评估》中，北京大学在大气科学领域排名全国第一名。因此，北京大学的大气科学系是我们进行大气科学拔尖创新人才调研的国内选址。我们在北京大学进行大气科学学科调研时，对包括其大气科学系系主任林金泰教授在内的多位师生进行了学科访谈。

大气科学是理学范畴中，中学生较为陌生的学科之一。所以，我们对于大气科学林金泰教授的调研议题，首先集中在了这类“小众学科”在拔尖创新人才的培养上的特殊困难，以及如何构建能有效应对这些困难的培养和选拔体系。

在调研中，林金泰教授首先指出，阻碍大气科学的拔尖人才培养以及其学科的“基数”形成的重要原因之一，就是公众（特别是高中生群体）对于该学科的“认知缺失”（第一小节）。其次，林金泰教授认为，中学生对大气科学极为有限的认知，往往还是错误的认知。这种错误的认知，主要是因为受到了中学所谓“学科”的误导（第二小节）。

那么，如何增加公众对大气科学这类“小众学科”的认知呢？首先，林金泰教授提到了，很多“冷门专业”的研究对象并不冷门。例如大气科学研究的空气污染议题，则是社会较为关注的重要议题。将此类议题与学科的认知拓展项目结合，可以达到更好的效果（第三小节）。当然，纯知识性的科普项目作为拓展学科的公众认知的手段是较为局限且单一的。实际上，各学科都有自身积累的比知识本身更为深刻的经验，例如其特殊的“学科视角”。传播学科视角可以增加学生分析问题的深度，更能让学生认识到该学科领域的价值和潜力（第四小节）。

此外，除了“这个学科能为我做什么”之外，小众学科的认知拓展项目，还应该包括“我在这个领域里能做什么”的认知传递。像大气科学这种相对不成熟、不完善的学科，才是学生将来最有可能做出贡献的领域（第五小节）。除了科研创新工作的发展空间外，在更基础层面的物质设施的发展空间（包括经费来源等）的学科特征，也应该在学科认知拓展的项目中发挥作用（第六小节）。

以上六个小节的议题，主要是针对大气科学这类“小众”学科如何构建足够其孵化拔尖创新人才的“人口基数”的问题。在后面的小节里，我们与林金泰教授探讨了如何从广大的学生中辨别和选拔出最有潜力成为该领域的拔尖创新人才的苗子，因此为极为有限的优质高等教育资源做出最有效的分配。

首先，林金泰教授强调了大气科学作为一门“复杂学科”所具有的“多要素性”。这一特性使其对于学生的“构建复杂模型”和“处理宏观现实问题”的思维能力有较高要求（第七小节）。其次，林金泰教授指出，大气科学除了“复杂性”和“多要素性”以外，还有其观测数据的“不确切性”。这一特征使得大部分在应试制度下培养出来的学生（倾向于回答有标准的、确切的答案的问题）能胜任的较少（第八小节）。

在复杂性、多要素性、不确定性下进行理论构建的能力，是大气科学拔尖创新工作对人才的进一步需求。通过与林金泰教授的讨论，我们将该能力进一步拆分为三个组成部分：1）假设能力；2）模式判别能力：3）模式构建能力（第九小节）。而这三个子能力的更为基础的能力维度，则是“独立判断”能力（第十小节）。最后，通过自身独立判断而做出的假设、模式和理论，最终需要有完善和到位的论证，才能具有说服力。因此，我们将“论证说服”能力也列入该领域拔尖创新人才的必备条件之一（第十一小节）。

1. 认知缺失

我们本书前面章节所呈现的学科视角，例如数学、物理、化学、生物等，主要来自传统的学科，也是中学课程体系里面的“主科”。因此，学生对这些学科都有一定的信息认知和情感链接。但是绝大多数学科都是在中学“主科”，甚至是在中学学科的范围之外的。例如，本章涉及的“地球科学”学科，就是一个例子。实际上，绝大多数学科对于中学生来说都是极为陌生的。中学生普遍对人类知识体系（学科体系）缺乏认知。

颜晓川：您是被调剂进的大气科学？

林金泰：最早应该是。

颜晓川：您当时对大气科学的印象，就是它仅仅是做天气预报的？

林金泰：以为是那样的。对，确实没有任何的信息。我们大气科学属于地球科学，（中学生对）整个地球科学都没有理解。我们学过一点地理，但是从来没有听说过地球物理或者地球科学什么的。

由于缺乏认知，这些中学生不熟悉的学科，就没有人报考。因此就促成了调剂制度的产生。而调剂制度的行使，又给众多学生带来了负面情绪，影响其未来在该领域的留存和发展。

颜晓川：然后当时就有点郁闷是吧？

林金泰：这不是“一点”郁闷。我们班的绝大多数人都是调剂的。这个学科本身，不只是大气科学，整个地球科学，都是在北大里录取成绩比较低一点的，包括我个人也是这样。我们班的同学基本上都是调剂的，都报的是比较好的专业。

既然调剂制度会有明显的负面影响，为什么还会有调剂制度呢？原因还是中学生对于学科的认知匮乏。学生完全不了解学科，所以只能跟着社会上的一些潮流、时髦，或者媒体的只言片语来做决定。这就造成，在一段时间里，绝大部分学生都挤到社会上当前最时髦的学科里来。所以调剂制度就不得不出现了。因此，这个问题的根源，还是在于学生对于学科的认知匮乏。

颜晓川：比较好是指比较热门？

林金泰：对，报的都是当时热门的。这是另外一个大的话题。当时都报生物什么的，生物当时多热啊。你可能不太理解，但我们那年代，最火的理科就是生物。

颜晓川：当时说 21 世纪是生物的世纪。

林金泰：因为确实我们比较闭塞，谁宣传什么就听什么。但是确实，大家都不知道。我觉得有两个因素，第一个根本的因素就是大家确实对这个领域完全不了解！都知道物理、化学、生物这些传统学科。物理、化学都是一直学，所以当时自然而然大家报志愿的时候都是往这些方面报；不会想什么地球科学，因为都不知道！

颜晓川：往自己熟悉的方向报。

林金泰：所以这个学科本身录取成绩会比较低一点。

所以，我们可以看到，对于学科的认知匮乏，直接导致了两个后果。第一，除了中学主科和社会当前时髦的领域外，绝大部分领域都很难构建起有利于培养拔尖创新人才的“基数”；第二，通过调剂制度可以为各个领域“划过来”一些基数，但是被“划过来”的人，并不都是与该学科相适合的。也就是说，通过调剂制度被迫进入某一领域的学生，不仅仅有心理的抵触情绪，自身的特质、能力和规划，与该学科也大多不匹配。这也导致，只有极少数恰好“碰对了”的人有可能留下来并成为拔尖创新人才，绝大多数人都发展得非常一般。

颜晓川：进来之后大家有一点失落？

林金泰：这个可能都不能说“一点”，有时候是相当失落。我还算好的，有些人更失落。确实是有这个问题。

林金泰：我当时也选经济学双学位。其实当时也有两手准备，这个也是环境的因素，就是各个班里面好多同学想转系，想学一点商学以后好找工作，因为怕这个领域不好找工作等等；也学一些北大经济中心的双学位，但是后来到大三的时候想一想，一方面觉得大气里面就不仅仅是什么天气预报，那个我比较不喜欢。那时候污染这些东西都很严重了，我觉得也是蛮重要的一些领域。另一方面也考虑我个人性格方面不太适合去公司里边，我喜欢自由自在做事情，去公司肯定不行的。

颜晓川：做研究就比较独立一些。

林金泰：对，所以当时虽然有经济双学位，但还是决定出国深造，继续学我们大气科学。我当时已经确定要做污染（大气环境污染）这方面的研究了。我就大概有这么一个过程。所以也希望你们这个书能够帮助我们，至少让各位考生，或者部分考生能够更好地了解我们地球科学，了解我们大气科学，了解我们在大气污染这方面的研究。

我们可以看到，最终在大气科学里留下来并且进一步发展成为拔尖创新人才的人（例如林金泰教授），是本身在多个层面与这个学科有较高适配度的。以林金泰教授的案例，至少有个人的性情、能力、规划等层面的适配。也就是说，任何领域要培养更多的拔尖创新人才，关键不在于通过调剂这样的机制生拉硬凑出一批不适配的“基数”，而是要找到一批适配的，有动力的，愿意留下来且有潜力成为拔尖创新人才的好苗子。而要构建这样的高质量的基数，就需要中学生在选专业的时候对整个人类知识体系（学科体系）有基本的认知。所以，这也是在中学阶段开设“学科认知”教育对于整个社会培养拔尖创新人才的意义所在。

2. 认知偏差

实际上，阻碍潜在拔尖创新人才进入与其自身适配的学科的因素，除了如前面小节所述的认知匮乏（没有认知）外，还有认知偏差（错误认知）。我们发现，学生对学科特质的认知偏差的一个主要来源，便是中学的“学科”。我们调研的各学科专业的拔尖创新人才（包括数学、物理、化学、生物、历史、地理等）几乎都强调，中学和大学的一些同名学科，虽然名字相同，但是在实质上却往往大相径庭。因此，学生按照对中学学科的理解来进行大学的学业方向规划（例如专业选择），会造成很大的偏差和误导。其中，在主题上与大气科学较为相关的中学学科是地理学，但是中学地理学与高校的地球科学在本质上差异极大。

林金泰：现在我们说国际上（大气科学）有两个很热门的领域，分别是气候变化和大气环境。大气环境就是环境问题，污染问题。这些事情其实都是跟我们大气科学的研究极为密切相关的，但是很可惜的就是，因为我们高中初中的时候都基本上不会接触到这种东西，所以自然而然选专业的时候，各个方面都是不太明确。根本不知道大气科学，只知道比如物理。所以我觉得你们做这个事情，对于我们这种小的学科，是很有意义的。高中初中阶段基本上学生没有接触过，但是我们这些学科还是蛮重要的。

颜晓川：地球科学里面几个分支，比如地质学、地球物理、大气科学这些，高中生都没什么认知。

林金泰：确实没有，就一点点地理。我不知道现在什么样，我们当时学的是地理，还不是高考必修，都是选修课。

颜晓川：而且高中的地理和大学的地球科学差异也很大。

林金泰：高中地理里边，它实际上仅仅讲一点点气候，比如中国北京处于温带海洋性气候什么的。都是一个非常简单的，极为简化的东西。所以学生根本不会觉得这是一个学科。他们认为这只是地理里面一个知识点而已。

颜晓川：中学地理主要是文科的那种方法，把知识点拿来记忆。

林金泰：确实是这样的，我们也没有办法。我也不能强求说应该高中时候插入一杠子，让他们学地球科学，因为课程已经挺多的。毕竟物理、化学都是比较基础的，所以他们这样（不上真正的地球科学）是对的。但是在面临选择的时候，他们就会出现一些偏差。

中学地理和大学地理的差异，是一个较为明显的案例。我们调研的地理学的拔尖创新人才，都不认为中学地理的考试分数是判断一个学生是否适合学习大学地理或地球科学的可靠指标。也就是说，如果一个学生根据自己中学地理的学习经验、学习成效来做出自己的专业选择的决定，就会如林金泰教授所说的一样“出现偏差”。而这个偏差导致学生会进入与自己不适合的领域，从而大大降低其成长为拔尖创新人才的可能性。

3. 现实入口

我们前面提到了，如大气科学这样的较为小众的学科，中学生对其的认知较少，而这也造成学生在进行学业方向选择时，往往不会关注到这些学科。目前是通过调剂制度来硬性分配一批学生进入这些学科，但是这样的制度既不能帮助学科找寻到适合的学生，更让很多学生都带着一定的负面情绪进入到这些领域。

那么，如何才能扩展学生对这些“小众”学科的认知呢？很多所谓“小众”的学科，只是研究的从业人员相对较少，并不是它们研究的领域本身不值得关注；实际上，很多“小众”学科所研究的对象，反而是社会普遍较为关注的议题。例如，林金泰教授就指出，大气科学研究的对象中，就有很多是社会较为关注的话题。

林金泰：我觉得要强调，整个大气科学跟我们的实际生活密切相关。污染、天气预报、暴雨、极寒、极热这些问题，大家都很关注。此外，污染物的混合、传输以及卫星、遥感等，其实都是和大气科学密切相关的。我们学科还是蛮实际的，我们不是那种形而上的学科。

实际上，林金泰教授所研究的大气污染，就是一个与实际联系紧密，且社会关注度较高的议题。这一议题本身就可以作为一个学科的“入口”，来拓展大气科学在社会中的认知度。

林金泰：虽然我们大气科学是很小的学科，但是我觉得还是蛮有乐趣的，至少说蛮有成就感的，因为我们回答一些全中国甚至全世界都蛮重视的问题。尤其这几年，污染的问题、气候变化的问题，都非常重要。

林金泰教授所研究的问题——大气污染，本身就是一个较为具有话题性和传播力的议题。其中，污染的跨国传输，往往受到社会、媒体和政府的关注。这些话题往往带有一定的政治、文化意味，因此媒体的关注度较高，具有全社会范围的传播性。

颜晓川：比如你们研究什么样的污染问题？

林金泰：比如，我们研究污染的长距离传输。中国的污染会不会传到美国？美国的污染会不会传到欧洲？这些事情都是和我们大气污染的研究密切相关的。

颜晓川：这种话题媒体也喜欢去报道，甚至有些会去炒作？

林金泰：舆论非常多。我们电视里的广告，什么低碳，其实说的都是跟气候变化相关的。相关的谈判都是国家首脑之间的谈判。同时，污染问题社会也关注，因为现在污染很严重，大家都很着急，当年美国大使馆开始报 pm 2.5 也是热门事件。

颜晓川：这个事件涉及国家的标准？

林金泰：国家的测量标准不一样。这些问题非常多。然后是传输问题，尤其是长距离传输。美国很担心中国污染传输到美国，尤其是美国西部。

颜晓川：就飘过去？

林金泰：对，它会飘过去。飘了多少，就取决于排放了多少，化学反应了多少，沉降了多少，传输路径是什么样的。

颜晓川：当年日本核泄漏，核电厂灾难事故之后，中国很多媒体也报道，很多人也关心污染会不会飘过来？

林金泰：这个不用太担心，这就跟大气环流有关系。那时候的环流场决定了它不会很快地刮东风，所以不会吹到我们这边来。它会先到美国去，然后绕一圈后才会到中国，所以对我们的影响很小，这是跟季节有关系的。不同季节可能就不一样了。所以那时候，我们系也有人去研究，他当时就计算（日本核泄漏）爆发以后，大气怎么运动，（核污染物）就随着大气运动。然后衰减到最后，浓度是多少？其实全世界各个地方都会飘到，只是浓度不一样。所以，飘到中国的肯定会有，但是到中国后浓度就很小了，小到不会威胁到我们人体健康。

除了国际上的污染传输外，国内污染的跨地区传输，也是媒体和社会较为关注的。例如，北京市的空气污染一直是相关报道的重点话题。而林金泰教授下面讲解的例子，以北京的空气污染为出发点，涉及数个不同省份的污染源。这样的话题（跨省的污染传输），与跨国的污染传输类似，都具有一定的争议感和话题性，是较为具有传播力的话题。

颜晓川：如何研究污染的传输呢？您能举一两个例子吗？

林金泰：比如，传输尺度小一点的，北京的污染现在我们已经研究得比较明确了。它受到不仅是北京的排放的影响，还受到河北、天津等各个省份，尤其是周边省份的影响。我们以前没有意识到污染传输的问题。这些年由于咱们科学家的研究结果，才开始重视。以前哪会想，北京的污染还跟山西有关系。但是现在就很清楚了，对吧？

颜晓川：这种传输是有证据支持的？

林金泰：非常强的证据都会支持。山西、内蒙古对北京的污染都会有影响的。

颜晓川：是通过什么方法来判断的呢？

林金泰：大气会运动。大气在运动的时候，污染物在大气当中随着一起运动。

颜晓川：你可以跟踪这些运动的轨迹。

林金泰：研究方法其实挺多的。只是不同的污染物，不同的季节，不同的风向等等。当然，这没有一个定性的结论，说每时每刻山西对北京的影响是多少，不是这样子的，但确实是有影响的。河北就更不用说了。

除了通过媒体了解现实的议题外，学生还会通过自己的亲眼观察来了解现实。例如，大部分学生都有过自己观测雾霾的经历。所以，与学生亲眼观察、亲身体验的现实事物有关的研究话题，也是可以让学生开始关注学科的一个潜在的“入口”。而大气科学里就有很多这样的“潜在入口”。

林金泰：最近这一次非常严重的污染事件，我不知道你在不在北京？

颜晓川：对，我那次星期五、星期六都在。

林金泰：因为我研究的尺度没有这么小，所以我只能是凭我所了解的别人的研究来说。有一天上午的污染就很有意思。我们中午出去吃饭，这边（北京的北边）的天还是非常好的蓝天，但是南边的污染已经非常严重了，灰蒙蒙了。

颜晓川：光是北京城就有这么一个梯度？

林金泰：非常强的梯度。然后到我们吃完饭，大概过了一两个小时，这边（北边）已经完完全全跟南边一样，非常严重了。术语上不能说完完全全是一样的，只是说污染也变得非常严重，也是灰蒙蒙的，全是那样，就这两个小时的时间。

所以，那一次我没看具体的数据，我推测应该是从南边把污染传到北边来了。北边自己也有污染，但是它的污染不可能这么快，在两小时内就达到这样严重的程度。从比较干净到这么严重，不是北边当地的排放。当地也有“贡献”，但不会这么大，不会这么快。

那么迅速的话，只可能是局地以外传过来的，从南边传过来的。那么我们从卫星的数据观测也可以看得很清楚。卫星就能看到一大片区域。我们可以看到，北京其实并不是华北地区污染最严重的，实际上有很多城市比北京严重得多。这个确实是一个很简单的事实，只是因为北京是首都，所以大家关注得更多一点。

综上所述，对于小众学科，由于中学生对其的关注和认知都较少，所以报考时选择这些领域的人也较少。目前这些学科多数的学生，都是通过调剂制度“硬塞”进来的。除了个别的碰巧本身就与学科较为适配外，绝大部分都是带着一定的负面情绪勉强学下去的，而这种情况给这些学科的拔尖创新人才的培养带来了负面影响。

相反，如果我们能在学生做专业选择之前，就让他们开始关注到一些虽然小众，但是很重要的学科，则会更有利于学生选到与自己特质相适配的学科，同时改善这些学科的生源质量，并因此提高其拔尖创新人才培养的效果。

所以，我们这一小节讨论的是，如何将小众学科与学生普遍已经关注的社会重大议题联系在一起。学生普遍的关注，既有可能是来自媒体，也有可能来自自身的观察和体验。那么，小众学科的一个“入口”，就是其内部能与学生的这两类关注产生连接的内容。这一小节里，林金泰教授所讲的污染物的跨国、跨省、跨区的传播，就是典型的这样一个内容。

4. 视角框架

在前面的小节里，我们讨论了“小众”学科的“入口”：将学科内的与学生个体或者社会整体所关注的议题有关联的内容进行展示。这个过程有知识性科普的性质，但光是科普是不够的。科普解决了学生的知识需求和一部分好奇心，但是并不能让学生意识到这个学科整体有价值。那么我们如何在知识性的科普之上，进一步传递学科的价值呢？一个很重要的维度，就是让学生体验一个学科的“视角”和“框架”。视角和框架是高于知识的，是把零散的知识进行归类、整合的方式。学生在体验到学科的“视角”和“框架”后，就会感受到自己所观察的客观世界变得不同了，因为他可以看到他以前看不到的东西。

这里，以大气科学里的空气污染为例：一个没有大气科学的视角和框架的学生，想到空气污染，可能就是一些零散的点，例如 pm 2.5、气溶胶等等。但是，当有了大气科学的基本框架后，学生就能以一种成体系的、整合性的视角来看待问题。比如，就一个地区的空气污染来说，大气科学就提供如下的一些基本的视角和框架。

颜晓川：一般不懂大气科学的人，看到大气污染，他可能就想到什么汽车尾气、工厂排放物这些。但是，一个大气科学家会关注哪些事情？

林金泰：从我们的视角来说，就大气污染而言，有三个要素会影响：一个是排放了多少，一个是物理、化学过程，另外一个是传输，比如山西、河北对北京的传输。

这里，林金泰教授指出了大气科学看待空气污染的基本框架：排放、物理化学过程、传输。这并不是非常具体的知识，而是一个看问题的框架。这个框架，将大气污染的主要影响因素都容纳了，因此是一个相对通用的、适合于观察和思考各类大气污染问题的框架。

就这个框架里的三个主要的因素，林金泰教授进一步对更细的框架进行了展开阐述。首先，他从“物理、化学过程”这一维度开始：

林金泰：物理、化学过程很重要，因为物理、化学过程决定了污染物在大气中停留的时间的长短。是一个月还是一年，还是几天，还是几小时？

颜晓川：然后它就沉淀下来了？

林金泰：有可能是反应掉了，有可能是沉降了。气溶胶、灰霾这些主要成分，主要以沉降为主，沉降又包括干沉降和湿沉降。干沉降主要是没有降雨的时候，颗粒掉下来。有的颗粒比较大，因为重力原因就掉下来。有的颗粒小一点，但是因为空气中湍流的作用，也会掉到地面。沉降就是这样一个过程。但是，有的时候掉下来了后，还会反弹。

颜晓川：还要反弹？

林金泰：是否会反弹，又跟地面有关系。

颜晓川：地面的材料？

林金泰：跟地面的材料、酸碱性都有关系。有些污染物是溶于水的，如果地面有水，那它一掉下来就不反弹了。但是，有些污染物不溶于水，它就会反弹。还有，比如你是酸性的东西，地面有碱性的东西，酸性的东西沉降了，和碱性的东西反应掉就不反弹了。还跟植被有关系，比如说臭氧会进入植被表面的气孔，所以它不容易反弹，但是它会破坏植物的生态。这就是为什么臭氧污染物不但影响人类健康，还影响了生态和作物，因为它跑到作物的气孔里面去了。

这里林金泰教授向我们提供的大气科学的一个基本的思路框架：污染物在空气中停留多久，和它的沉降有关。沉降有干沉降和湿沉降。沉降的速度与颗粒的大小和重量有关。沉降后是否反弹，又与其水溶性、酸碱性等特征，以及地面的对应属性有关。在有了这个框架后，一个学生看待和思考空气污染的视角就被打开了。光从沉降来说，他就能够从干、湿、大小、重量、反弹、水溶性、酸碱性、地面等因素出发，形成一个成体系的观察和思考模式。具有这样基本的思维框架的学生，在思考、表述甚至争论相关议题时，就已经能具有显著的优势。这是学科的“视角”和“框架”能带给学生立竿见影的好处。这也是学科所能提供的，比具体的知识更重要、更可贵的价值。

这里，除了沉降（一种物理、化学过程）以外，林金泰教授还就空气污染的另外两个要素——传输和排放进行了框架性的描述：

颜晓川：从大气科学的视角来看，传输过程受哪些因素影响？比如地形？

林金泰：你提得很好，地形显然是一个重要因素。除了地形外，还有植被的因素。我们的术语叫作surface roughness，就是摩擦力是多少。

颜晓川：摩擦力会使传输降速？

林金泰：对，虽然不仅仅是降速和升速的问题。地面是植被还是水泥地，它的热力学也是不一样的。尤其是沥青，沥青地面夏天的时候特别热，热了以后，空气热胀冷缩——热了以后它要膨胀，膨胀后密度下降，密度下降后就要上升，上升了就可能会形成对流，至少也会加强混合。

颜晓川：垂直的对流？

林金泰：对，垂直方向的。雷阵雨就跟对流非常相关。其实很强的混合每天都在发生，尤其在夏季。除非特殊情况，每一天下午的时候，由于加热的因素，空气的混合都是比较强的。大概地面附近五百米到一、两公里，我们叫边界层，它垂直混合比较快。

所以有个好处，如果污染物在地面产生，垂直混合就会把污染物抬升，地面污染就要小一点。相反，夜间的时候，地面冷却要比大气快，所以它就会形成逆温，逆温就是地面温度很低，比大气还低。

颜晓川：沥青冷却得更快？

林金泰：你可以简单试一下，摸一下沥青，看它晚上的温度是不是比大气低了，对吧？这样的话，空气就很稳定了，它垂直的运动就很弱。所以你有很多排放以后，它会都停留在这里。所以你会观测到，比如北京这个地方污染最厉害的时候，是早上日出前。

颜晓川：就是说整个一夜积累的排放，都还在这里，还没有升上去?

林金泰：对。还有另外一个因素：早高峰。一方面是夜间的积累，另一方面是高早高峰增加了很多排放。而早高峰的时候，太阳还比较弱，加热能力不太强，所以空气垂直混合比较弱。所以这个时候城市的污染是很严重的。所以说咱们在城市里面，你要早晨锻炼，实际上是一个不好的选择。

这里，林金泰教授提供了一个与污染物传输有关的思维框架。该框架包括地面的摩擦力、热力学；空气的对流、混合；污染物的抬升；污染浓度的时间周期规律。同样的，这个思维框架也对学生看待、理解和进一步探索相关话题提供了一个平台。有这个思维框架的学生，就能从更深层次理解为什么一般大城市在早上的空气污染指数是最高的。相比于没有接触过这个思维框架的学生，具有学科视角和框架的学生在思考、表述、争论相关问题时，都能体现并感受到优势。这也是学科的视角和框架吸引人的地方。

前面林金泰教授提供了一个物理过程（沉降）和一个传输过程（对流）的思维框架。这里他继续提供了一个有关排放和一个有关化学过程的框架：

颜晓川：刚刚您讲了一个物理过程和一个传输过程，那么有哪些是与排放和化学过程有关的例子呢?

林金泰：比如灰霾，我们叫颗粒物或者气溶胶，它有一部分是排放出来的，排放的就是颗粒，但是还有相当大一部分，是通过化学反应生成的。比如我们很关心的硝酸盐、铵盐这些二次无机气溶胶，还有一些二次有机气溶胶。它们排放时是气体，经过化学反应以后，就产生了气溶胶。

颜晓川：就是几种污染物聚在一起，发生化学反应，产生新的物质。由于不是直接排放，所以叫作“二次”？

林金泰：对，叫“二次”，叫“secondary”。所以，这就是化学的很重要的因素。有些反应需要光，它是光化学反应。那么，光化学反应在有光的时候可以发生，在乌云密布的时候就不能发生。有的化学反应不需要光，这样有没有光都可以进行。

颜晓川：除了“二次”的，还有直接排放的？排放主要有哪些来源？

林金泰：人为源很多。城市里面，因为我们植被不太多。尾气排放、挥发性的有机物等。

颜晓川：挥发性的？

林金泰：比如加油站的挥发，刷墙的墙漆挥发，化工厂制乙烯挥发也都很多，都是味道。室内污染现在国内很关注，发达国家就好很多。国内现在室内问题，比如甲醛就是有机物。当然甲醛的分子比较小，不一定能形成气溶胶，但它是非常重要的污染物，跟臭氧有密切的关系。

颜晓川：除了人为源的，还有……

林金泰：还有自然源的。全球百分之九十的VOC都是自然源的，都是植物产生的。

颜晓川：VOC是？

林金泰：挥发性有机物即volatile organic compound（VOC），我们就是这么一个叫法。全球范围内主要都是由植物产生的；但是城市里面污染比较严重的地方，人为源就有非常大的“贡献”了。

这里，林金泰教授提供的一个关于污染物排放和化学过程的思维框架：污染物分为“一次”和“二次”；其中又分“无机”和“有机”；这些污染物的来源，又分“人为源”和“自然源”；这两者的比例，又与“城市”和“非城市”有关。

学科带来的思维框架并不单纯地涉及科普知识。思维框架给学生带来的价值包括：

1）学生看待问题的广度和深度得到提升；

2）学生可以将零散的信息整合成一个体系；

3）学生可以通过体系化的思维来在理解、表达和讨论中获得优势。

所以，通过帮助学生建立思维框架，各个学科可以进一步让学生体会到其学科的特质和价值。因此，“小众”学科要改善其“无人问津”的情况，光靠知识性的科普还不够，还要让学生体会到其学科视角和框架的价值。简单来说，知识只是“鱼”，而视角和思维框架则是“渔”。让学生体会的学科所提供的工具（框架）而非具体的成果（知识）的价值，是学科更高一层次的价值的传递。

5. 发展机会

我们在前面小节提到的学科提供的知识和框架都是有价值的，但是它们并不是一个学科最吸引人的地方。往往，科普是以知识传播为基本目的的，所以科普普遍是给予既定性的内容。而既定性的内容，并不能引起学生的主观动力。相反，我们需要让学生看到学科内的不成熟的、欠发展的一面，才能让他们看到在进入这个领域之后，学生自己做出贡献的机会与空间。在本小节中，我们以大气科学为例，来讨论学科中的“空间”与“机会”。

林金泰：我们（大气科学）是比较新兴的学科，我说新兴是指跟有几百年历史的学科相比较，我们这可能就几十年。真正的大发展，也就是最近一二十年，尤其在咱们国内。

颜晓川：发展得不成熟意味着什么？

林金泰：所以有好多事情你可以做！我刚刚跟学生聊天，就是在谈这个。在我们这里，有太多事情你可以做出一点成绩来，一点一点地推动科学的发展。所以，为什么我觉得大气科学很有意思，就是因为它是一个新兴的学科，所以说很多问题我们都可以做，也都可以有突破。

颜晓川：新兴的学科突破的机会更多?

林金泰：对，它是比较新鲜的，所以说相对来讲，如果你有志于科学研究，然后想要突破的话……虽然大的突破总是很难的，但小突破比较容易。

颜晓川：小突破容易，是因为它里面还有一些不是特别成熟的地方，所以这些地方的机会还在。

林金泰：对，没有错，机会比较多，困难和机会都比较多。

颜晓川：您有一个具体的大气科学里不成熟的地方的例子吗？就是说有这种既是“困难”，也是“机会”的例子吗?

林金泰：比如我们刚刚说的沉降，湿沉降是跟降雨、降雪有关系的，它里面有比如硝酸，它可溶性很强，肯定会溶解到云里边，那么云它如果成雨的话，就会降雨，它就掉到地面了，是吧？这个过程叫湿沉降。“湿”就是因为有降雨降雪这样一个降水的过程。

颜晓川：关于沉降的理论还不成熟?

林金泰：还很不成熟。其实这个过程我们还很不清楚，这跟云的形成、降雨的过程是密切相关的。那么形成云的过程——云雨过程、云雪过程——这些都是大气科学里边研究的难点，不只是我们大气化学，而是整个大气科学研究里面非常非常难的一个难点。

颜晓川：与气象有关的事物很多都还没了解清楚?

林金泰：对，包括气候变化、天气预报都是非常难的。这些都是现在远远没有解决的问题！

颜晓川：成云的过程，就是现在我们还不了解完整的细节。

林金泰：对，基本的原理我们是知道的。但是它为什么会是那样，以及我们怎么样来表征这件事情、这些问题，实际上都是没有那么清楚的，因为它的一个重要特点就是它的尺度很小。你看外面的云，它多数情况下分布极为不均匀。云里面还有上升气流、下沉气流什么的，那些过程很多。

颜晓川：这些过程实际上都还没了解清楚？

林金泰：大气里的各种过程，我们都有了解，但是我们的了解都有限。

颜晓川：有部分的事情已经完全了解了吗？

林金泰：没法做到。我没法说，这一部分很清楚了，我不用再管了，只需要攻别的部分了。就比如刚刚讲的排放、物理化学过程、传输，我们对这些东西的了解，都是很有问题的。传输可能还相对好一点，因为它是跟研究天气相关的，所以它们研究的历史比较长一点；但是只是相对来讲，好一点点。然而剩下的这些过程，当然也包括对流过程、边界层混合过程等，这些东西都是难点中的难点。

颜晓川：现在我们能看到这些问题的一个大概的轮廓？

林金泰：对。

颜晓川：但是具体的细节还是有待继续去……

林金泰：对。有一句很经典的话，我忘了是谁讲的，我觉得说得很有意思。它是用英文说的。我简单用中文说就是：我们知道一些我们知道的，我们知道我们有一些不知道的，我们不知道有一些我们知道的，我们也有一些我们不知道我们不知道的。

林金泰：我觉得这句话很切合我们现在大气学科的情况；这话有点绕口，但是确实是这样子的。

所以我们可以看到，有很多大气现象我们现在都还不尽了解，因此大气科学并不是一个已经“做透了”的学科。而这就意味着，将来进入大气科学领域的学生，会有很多个人发展的科学突破的机会。而真正吸引学生进入一个领域的，往往并不是前面小节里提到的科普知识，因为知识是死的，知识并不代表未知，并不代表突破的机会；相反，未知、不成熟、不了解、难点的地方，才是机会和空间所在。所以，学科在其公共关系的构建中，应该多展示自身的未知与空间，才能吸引有创造力的潜在的拔尖创新人才。就大气科学未来会有的大的发展空间与方向，我们继续与林金泰教授进行了讨论。

颜晓川：您认为大气科学未来发展的最大的空间和方向有哪些?

林金泰：这个问题可能有点大，不过一方面还是围绕三大主题：气候变化、大气环境、气象（天气预报）这三大主题。我想剩下那些算是支撑，支撑不是说不重要。你要问方向，那么就是这三大方向。

颜晓川：有更多具体的方向吗？

林金泰：具体的话，比如我刚才提到的物理过程，Hydrological 即水循环过程，那是一个非常难的难点。还有地球各个系统之间的交换，大气、海洋之间的交换过程，这也是一个很大的方向。现在很多大的机构都在做这件事情。然后你要问大气化学的话，还是那个问题：我怎么样使问题的机理更清楚，对吧？

颜晓川：排放方面呢？

林金泰：排放的话是有另外一拨人在做。排放一直是一个主题。我们污染研究（如果）没有（包含）排放的话，这个问题是没法解决的。

学科除了可以向学生展示自己未知的、不成熟的、不了解的、难点的地方以外，还可以传播在这个学科里，解决了一个个难点的过程和经历，以及拥有这些过程的经历会给个人带来什么样的感受和人格的升华。

颜晓川：您通过大气科学里的科研的过程，一步步地去了解一些不了解的东西，去把一些未知的变成已知的过程，是什么样的感受？

林金泰：虽然科研这个路是真的比较坎坷，但是你坚持下来的话，带来的满足感也比较多。自己给自己做老板，总比给别人当打工仔好。我觉得，像乔布斯（苹果公司创始人）当年去说服可口可乐的CEO来给他当

CEO 的时候，乔布斯说，你是要一辈子卖汽水，还是想 make a difference（起作用，有影响）?

颜晓川：研究的过程中做出发现的时候，会有 make a difference 的满足感?

林金泰：会有。虽然我不是说我现在已经 make a difference 了，但是科研算是给了我这么一个机会。要做出突破也很难，但是它算是给了一个机会。科学的发展，我觉得蛮神圣。实际上科学本身是挺神圣的一件事情。我在科学的发展中，做出了或大或小的贡献，最后做的成果、发表的文章还得到了同行的认可，从这个角度看，还是不错的。

颜晓川：会让自己有一定的实在感和存在感。

林金泰：如果学生看重自我满足感，对这一点看得比较重的话，我觉得（进入学科的研究领域）还是可以的。确实从挣钱的角度，做科研的投入产出比要差一点，而且中间有很多坎坷曲折，但是如果能坚持下来的话，而且如果你是这块料，就还是可以的。当然，如果不是这块料，咱也不要勉强。

颜晓川：一步步做出贡献，做出成果，会让人觉得充实?

林金泰：这也是我个人对我自己的一个愿望，希望我在退休以后，或者几十年后，回想着，就觉得我当时的选择还不错。虽然没有大富大贵，但是也还算做一些有分量的事情，就这么一个意思。这个我觉得还挺重要的。因为我有一些朋友，是在公司里，挣钱也不少，但是他的满足感要少一点。

颜晓川：做的事情除了经济收益以外他体会不到更深的意义，然后可能有点空虚的感觉。

林金泰：感觉是。

6. 设施发展

从发展机会来看，大气科学还有一个特质就是，因为它的研究对“观测”较为依赖，所以与观测相关的基础设施的建设，也是该学科未来较为有发展空间的地方。

颜晓川：大气科学还有哪些特质？

林金泰：我们整个地球学科，包括大气学科在内，都是需要很多观测的。你要是没有观测，我们怎么研究，怎么发现问题？对不对？

颜晓川：现在观测方面的现状如何？

林金泰：我们的观测是很不足的。作为一个新兴的学科，我们首先需要很多观测。我们前面讲了，由于大气现象的variability（差异性）很大，所以它的局地性很强，很复杂。

颜晓川：比如哪里有云，哪里没有云；这里的温度湿度，那里的温度湿度等？

林金泰：这些都对。所以，你不能说我拿北京一个地方来观测，然后就作为我整个华北地区的数据来用，这是完全不靠谱的，对不对？所以你需要好多观测！那么，我们现在没有那么多观测。

颜晓川：现在主要靠什么做观测呢？

林金泰：我们现在有卫星还好一点。卫星观测的面比较广。但是卫星属于遥感方式的观察，是间接观测，所以有很多不确定性在里面。卫星观测就是反推的过程；卫星观测就是我看到了这个辐射信号，就是说经过大气以后的辐射信号，还有地面反射以后的辐射信号，跟没有经过这个过程时候的信号相比，有多少差异？现在卫星在天空上，它可以直接观测太阳。进入大气前的辐射和从地面反射出来的辐射相比有不同，我通过这个不同来反推，应该是（大气里）有什么样的东西，导致它的不同。

颜晓川：这种“局地性”，就是不同地域的差异对于研究也很重要。所以大气科学的国际合作也比较多？

林金泰：对。从科研的角度来讲，比如说我们现在污染问题比较严重，所以研究污染这方面积累了丰富的经验。因为很干净的地区，没什么污染，你老研究它也没什么劲，对吧？所以你要研究一些污染的科学问题，你就到有污染的地方，所以说它需要有一个场地，需要有一个观测。否则你不就是拍脑袋吗，对吧？
所以客观上，全世界科学家都希望来中国，要么参与观测，要么能得到这些观测的结果来做分析；所以必然就要跟我们合作，对吧？
同时，我们也需要这样的合作。我们发展毕竟比欧美落后一些，我们也需要他们的已有的知识来帮助我们分析新现象，帮助我们解决污染的问题，所以它本身就是一个双赢的局面。

颜晓川：在中国，观测的基础设施还不完善？还有发展空间？

林金泰：观测的话要靠卫星。虽然卫星不准确……因为你几乎不太可能建几千个污染观测站。因为污染观测站挺贵的。天气（观测站）可以建那么多，因为它便宜。天气观测站就是温、湿、压、风那些测量设备，都比较便宜。但是，你要是（监测）污染的设施可就贵了，比这个贵得多。

颜晓川：它可能要测化学元素？

林金泰：而且维护也麻烦，不只是测量的问题。温、湿、压、风测量设备的维护非常简单。我们楼顶还有一个，但你要那种（监测）污染的仪器，现在我们是没有那么多财力、人力和物力的。所以你没法弄。但是这个是必须有的，地面这种比较好的观测是必须要有的。卫星是一个很重要的（观测）方向，但是卫星观测的结果很不准确。

由于设备是需要经费投入的，而且中国政府，甚至世界各主要国家的政府，都较为重视环境问题，因此相关的财政性的、社会性的投入会越来越多。这也是进入大气科学领域的学生，在与这个年轻的学科一同成长的过程中，会有的空间和机会。将这种空间和机会传递和表述出来，也是大气科学这种“小众学科”构建社会认知、扩大自身“入口”和“基数”的一个重要方面。

7. 多要素性

在前面的小节里，我们对学科能给学生提供什么做出了一个梳理。例如，学科可以为学生提供看待、分析、讨论问题的视角和框架，学科（特别是不成熟的学科）还可以为学生带来为很多潜在的发明、发现等做出贡献的机会。

然而，就如林金泰教授也强调的，要能在学科里做出贡献（创新成果），还需要“是这块料”，因此在学科与学生的双向互选的过程中，一方面是学生要考虑学科可以为自己带来什么，同时学科也会考虑学生是否有潜力成为拔尖创新人才，并做出有价值的创新成果。所以，在后面的小节里，我们会开始讨论大气科学的学科特质、人才需求与选拔标准。

例如，大气科学所研究的现象的特征，决定了大气科学本身的特征。相比于基础的粒子物理学，大气科学研究的现象更为复杂，影响结果的变量更为众多，所以大气科学的框架内含有的变量也更广泛。因此，林金泰教授指出，大气科学是一门“复杂学科”。

学科的主要框架的“多要素性”（变量数量大）对学科人才培养体系的构建带来两个方面的影响。第一是其“复杂性”或“多要素性”本身就是其带给学生的思维模式的特征，也是其独特的价值，是值得向学生传递的。同时，由于其“多要素性”对思维模式的需求，大气科学也需要具有与之适配的思维模式和能力的学生。因此，思考和处理具有“多要素性”的框架的能力，是大气科学学科人才选拔的一个维度。那么，具体什么是“多要素性”呢？这里林金泰教授给我们举出了不同的例子：

林金泰：我们整个大气学科、地球学科其实都是复杂学科。

颜晓川：考虑的因素很多？

林金泰：太多了，就是太多了。

颜晓川：比如 VOC 的种类特别多？

林金泰：种类只是一回事。它种类一多，反应也就多了，对不对？它的反应有共性，但是也有很多不同的特点。反应机制我们不是很清楚，尤其是它们并不是独立的。

比如，最著名的 VOC 是异戊二烯，叫 isoprene，是 5 个碳 8 个氢。异戊二烯，你别看它只是 5 个碳，我们还没说 10 个、20 个碳的那种。就仅仅是 5 个碳，它的反应那是相当复杂。它和我们刚刚提到的氮氧化物会产生很多 interaction（相互影响）。所以它并不是独立的，一旦有 interaction 以后，无机的反应也复杂了，对不对？

颜晓川：它跟不同的化合物都可以反应；然后在不同的条件下，以及在不同的化合物的参与下，它的反应的结果也是不一样的？

林金泰：对，对！这还只是冰山一角啊！即使是无机这一块，我们都面临很多问题，例如均相还是非均相？均相就是比如都是气态，非均相就是气态和液态，气态和固态等等。还比如说气溶胶。气溶胶是一种颗粒，它虽然很小，但远远比分子大，所以它跟分子怎么样 interaction，怎么样交换？这些都是很难做分析的。

颜晓川：气溶胶颗粒的大小跟它反应的结果也有关系？

林金泰：有，有！大小、成分这个很重要，甚至它在大气当中停留的时间不同，因为随着时间推移，颗粒会老化，老化以后也不一样。

颜晓川：反应的结果又不一样。

林金泰：这不管是有机的、无机的，都是相当复杂的过程。这些问题还纯粹是化学的部分，但它不只是化学的问题，它还是……比如光化学反应，你需要有光，那么我在研究这个问题的时候，我要首先知道光是多少，或者我们说辐射是多少，对吧？辐射的空间垂直分布是什么样子的？而辐射就跟你有没有气溶胶，有没有云有非常大的关系。虽然我们知道，在天文上都很容易算出来，每时每刻在大气层顶，就是大气层外面的太阳辐射是多少。但是，太阳辐射经过大气层，有大气的吸收散射，云的散射，气溶胶的吸收散射，而且，大气、云、气溶胶的分布是不均匀的，所以整个辐射场就非常不均匀。

颜晓川：具体到一个具体位置和高度的时候，这个不确定性就很大。

林金泰：对，没有错。因为局地效应很强，北京的云显然跟天津的是不一样的，对吧？气溶胶也就不用说了，这个东西显然不是化学本身的问题，而是它的输入参数不一样了。

颜晓川：就不是机理的问题了。

林金泰：机理也有问题。然后，这些输入的参数你也没有那么清楚，所以这些东西搅在一块。

从上面的调研实录中我们可以看到，一个真实世界中的污染问题所涉及的变量（或林金泰教授所述的“输入的参数”）的数量是极大的。以大气中挥发性有机化合物（VOC）的化学反应为例，一个反应的结果受到巨量的因素的制约和影响，例如受到其他化合物的影响，也受到光照的影响。而光照的量（辐射量）又受到大气、气溶胶（雾霾）和云层的影响。而大气、气溶胶、云层又受到地形、气候等等的影响。所以要构建一个可靠的大气中 VOC 反应的模型（框架），需要考虑、协调和整合的变量极为众多。实际上，由于宏观现实本身就是复杂的，因此越是对真实现象的描述，就越具有复杂性。

林金泰：现在世界上最复杂的化学机制，据说有一万多个反应。

颜晓川：已经弄明白的机制？

林金泰：没有弄明白，里边好多假设。它越复杂，感觉就越代表真实。

从扩大“基数”的角度来讲，每个学科都有其框架，都可以为学生思维模式的构建提供价值。那么，作为一个具体的学科，怎么样才能在众多的学科中脱颖而出呢？这就需要学科将自身框架的特点展示和传递出来，才能让潜在的学生感受到这一具体学科的框架对于其思维能力的提升的独特的价值。

例如，大气科学作为一门“复杂学科”，其框架有“多要素性”的特征。而构建这种多要素性框架的过程，就是对学生构建复杂模型的思维能力的最直接的锻炼。从上面的调研实录中我们可以看到，构建复杂模型的能力，是处理任何宏观现实问题的必要能力。所以，将学科的框架的特质展示出来，其实就是在展示学科的价值，也是提高学科（特别是大气科学这类“小众”学科）的吸引力的关键。

同时，学科将自身思维框架的特质展示出来，也有助于吸引到个人特质与学科特质相适配的学生。学科不仅需要扩大“基数”，还需要提高“基数”的质量。目前大气科学这类社会认知度较低的“小众”学科，主要靠调剂制度把一些不管适不适合的学生生拉硬拽进来，显然，这样的生源对于拔尖创新人才的培养并不是最优的生源。相反，通过清晰、深入地展示学科本身的特质，则可以帮助学生判断自己的思维模式和能力与学科的适配度，而通过适配进入该学科的学生，其发展和成才的上限更高，学科的拔尖创新人才培养的效果就更好。

8. 不确切性

大气科学除了前述小节中提到的其研究对象的“复杂性”和其理论模型的“多要素性”以外，还有一个重要的特征，就是其观测和数据的“不确切性”。造成大气科学的数据的不确切性的原因包括其研究对象的浓度。

林金泰：我们说污染很严重，但实际上浓度很低。比如前段时间的严重污染，浓度是900微克每立方米。但是你想，一个立方米的空气里，也还不到一毫克，实际上也很少。

颜晓川：和常规化学实验里面的浓度相比？

林金泰：大气的质量是一立方米大概一千克，而900微克，还不到一毫克，所以那量级就相差了好多。大气已经够轻了，你觉得大气没什么东西了，但它比大气还少。大气是一千克每立方米，而它是小于一毫克每立方米，这是浓度极微。而且这还是污染极为严重的时候，一般的时候就是100微克，就是0.1毫克对比1 000克，那是7个量级了，对吧？

颜晓川：百万分之一，所以……

林金泰：所以数量少了以后测量就费劲了。

颜晓川：测量的准确性低？它的百分比的误差会比较大？

林金泰：对，没有错。实验室条件下的因素影响就很大。不同的实验室做出来的结果可能是完全不同的。

正如林金泰教授所说，当观测对象化合物的浓度很低时，就很容易受到其他因素的干扰。比如，不同实验室本身的湿度、温度、光照、墙面的挥发物、其他污染物的浓度等，都会干扰到测量的结果。尤其是测量浓度本身就极小的化学成分，误差就可能更大。这也是为什么林金泰教授说不同的实验室做出来的结果会不同的原因。实际上，不仅是污染物浓度的测量，整个大气科学里的主要数据，都存在明显的不确定性。

林金泰：大气污染的这三个部分——排放、物理化学过程、传输，决定了任意一个地区的污染物浓度、含量的多少。很可惜的是，这三个部分我们都不太清楚。

颜晓川：排放也不清楚？

林金泰：汽车尾气是排放，工业工厂的废气是排放，甚至民用燃烧，我自己烧煤、烧柴做饭取暖等等这些都是排放。我们排放的到底是多少？实际上有很大的不确定性！排放都不确定，那更复杂的物理化学过程，你就可以想象了。是的，我们也知道很多东西，但还有很多东西我们不清楚。

颜晓川：排放、物理化学过程都不清楚，传输也不清楚？

林金泰：传输就跟所有的天气预报的性质都一样，所以我们对传输也没有那么了解。

除了污染物本身的浓度以及观测条件的限制以外，我们上一节里提到的“多要素性”更加重了大气科学里的不确定性。而这种“多要素性”在“局地”问题中，尤为显著。

林金泰：我们了解的程度，又跟尺度有关系。越小尺度，我们的了解就越差。

颜晓川：因为局地效应？

林金泰：对。比如，我们知道北半球中纬度盛行西风，那是很大一个尺度的西风，但不是说我们北京就一直刮西风。这肯定是不对的。尺度越来越小，它的局地效应就越来越强，因为它受到各种过程的影响。

颜晓川：所以大气科学总体上存在较强的不确定性？

林金泰：对。有些我们是有了解的，不是说我们什么都不知道，我们还是知道一定程度的，但是远远小于我们对很多物理问题的了解。跟经典的物理问题相比较，我们大气科学的误差和不确定性更大。

而大气科学的这种全面的不确定性，在中学生的学习过程中，往往是没有接触到的。一方面，中学生学习的学科（物理、化学）等，相对大气科学，其“不确切性”要低很多。

林金泰：物理它可能说一个东西的质量是一千克，对吧？可能误差是一千克加减一克，但我们如果说大气的，比如臭氧的浓度是 100 个 PPM，那么我们实际的意思可能是 100 个 PPM 加减 30% 的误差，只是我们隐含没有那么写。

所以这也是很 tricky（棘手，难办）。在研究中，比如他们物理里的关于希格斯波色子的研究，他们的结论是 6 个西格玛的准确度，就是说误差区间非常小，基本上就排除了误差的影响，很确切地说这个信号是真的。

颜晓川：这种 6 个西格玛的准确度，在大气科学……

林金泰：在我们来讲的话，完全不可能。我们说的都是 30% 这种概念，他们可能去讲是 0.000%，6 个西格玛。他们物理需要这样子，他们也可能做到。但我们是不可能的，谁要说可以，那都是胡说八道，完全就不了解。甭说 6 个西格玛，得出 2 个西格玛的都是胡说八道。1 个西格玛可能还可以。

颜晓川：一个西格玛就是准确度 70% 左右？

林金泰：对，30% 的误差可能还 ok。所以两个西格玛已经非常勉强，5% 的误差基本上不太可能。

第二，除了学科之间的差异，当前多数中学教育的实际目标（应试）导致学生被培养为适应“标准的、确切的答案”的思路。所以，科研行为，特别是大气科学这种“不确定性”极强的学科的科研所需要的能力，与当前中学普遍培养的能力，并不完全重叠。与高中训练的思维模式不同，大气科学需要具有在较高不确切性的环境下处理问题的能力的学生。

颜晓川：现在特别是国内的高中教育，培养学生做出一个确切的答案的思路，做出标准的、正确的答案的能力，但是这和大气科学所需要的能力……

林金泰：这实际上是两个层次的问题。你如果学习的是我们刚刚提到的经典的、传统的物理、化学那些东西，你的老师，或者参考书什么的，会告诉你有一个准确的答案在那，这答案也没有什么变化，一就是一，二就是二，对吧？

但是，我们大气科学是……我跟我的学生这么讲，对于大气来讲，这个问题（不确定性）就严重了，特别是科研的时候，这个不确定性（uncertainty）就变得大很多。而这种 uncertainty 你在学习基础知识的时候是体会不到的。

颜晓川：在学习物理、化学的基础知识时体会不到？

林金泰：对。哪怕都是学习基础知识，大气科学的基础知识，也比物理化学的基础知识会厉害（不确定性更大）一些，尤其在你要考虑误差的时候。你学习基础知识时，是没有考虑误差的，所以你就计算一下，然后就得出个值。

那么，学生需要具有什么样的思维和能力，才能在不确定性很强的环境下处理好问题呢？也就是说，具有什么样能力的学生，才能学好大气科学，并最终成为该领域的拔尖创新人才呢？这既是学生进行个人学业方向规划的问题，也是大气科学这类的“复杂学科”和“不确定性”学科的人才选拔体系的问题。就这个话题我们会在下一节里进一步讨论。

9. 模式构建

1）假设能力

所谓假设能力，就是做出有限制的猜测的能力。中学的训练往往是解题的条件给足的情况，而创新的工作的要求则相反，往往是条件不足的情况下，需要进行猜测。大气科学这样的不确切性很强的学科，对于假设能力的需求则更加明显。我们甚至可以说，假设能力是大气科学拔尖创新工作的必要能力。

颜晓川：大气科学的结论，很多是通过很间接的方式得来的？

林金泰：对，这是一个很间接的过程。

颜晓川：所以就产生了不确定性？

林金泰：对，没错。

颜晓川：那要处理好这种不确定性，需要什么样的思维和能力？

林金泰：需要做假设。例如，我们并不知道大气里的具体的参数是什么样的。那就要假设。各项参数的分布是什么样的？例如，温度分布是什么样的？湿度的分布是什么样的？云的分布是什么样的？气溶胶的分布是什么样的？这些因素你就要假设，否则你怎么会知道它到底是什么样的？

颜晓川：这些假设有一些根据？

林金泰：对。比如说你怎么知道气溶胶的垂直分布是什么样子的呢？只能做一定的假设在里面，我们通常的做法是用模式，模式就是suppose（假设），要模拟我刚刚讲的那些过程：大气运动过程，污染物的化学物理过程，等等。

颜晓川：我们为什么需要假设呢？

林金泰：因为对于这些东西，我们的理解都没有那么充分。然后模式是把我们的理解变成数值化，而且只可能使误差变大，不可能使误差变小。所以你用模式来做卫星，我们叫反演工作，从辐射信号反演这些污染物的信号，这里的问题（不确定性）显然是很多的，这也是没有办法的。卫星好处就是看得比较广，坏处就是它没那么准。

所以我们面临的问题是，观测也没有那么好，观测很不足，模式也很欠缺，我们对排放的了解也不足。这三者都没有那么清楚，所以，你每一方面都可以突破，都可以研究。但是这也是一个悲剧，就是我三个变量互相是交在一块的，我还不知道某一个具体的变量一定是什么样的，所以说有时候你就是半推测。

比如说我们可以用观测结果跟模式结果来反推排放是多少，这个我做了不少这方面的工作，当然这个是一个很大的领域。全世界科学家都做了好多这样的工作，但他们面临的问题都是一样的，你这么做，你不也假设观测跟模式是比较合理的，但是这个假设其实就不完全是成立的，你还不知道它多大程度上不成立，不是说我们完全不知道，我们也知道一些，但有一些又不知道，所以就是，你得到一个结果，你可以得出一个值，但是你不能拿这个值，去说事情一定是这样的，实际上就是通过我这个方法，然后用我这套数据，我得到是这么一个结果。

所以，我们可以看到，在一定条件的限制下，做出“推测”“半推测”的能力，是处理不确定性问题的基本条件。从林金泰教授的陈述中，我们也可以看到，通过做出一系列的假设，我们可以构建一些数量化的“模式”（模型）。但是，由于模式本身是基于假设的，因此使用模式并不会“使误差变小”。所以，评价、选择甚至构建模式（模型）的能力，是体现不同研究人员水平的关键维度。

2）模式判别

所以，要能处理不确定性问题，需要有使用假设和模式的能力。那么，使用假设和模式对人又有哪些需求呢？实际上，对于一个具体问题，不同的假设和模式是有优劣之分的，而一个人对于不同假设的模式的判断力，则是选择出好的假设并将之有效运用的基础。而这个判断力的一个体现，就是是否能判断一个模式和其所要模拟的对象在整体层面的契合度（代表性）。

颜晓川：有的模式做出来的结果可能和真实的数值……

林金泰：有可能真实值远远偏离了你得出的这个结果的区间。这都有可能！这不是不可能的！

颜晓川：有可能是原始观测的数据本身不准，还有可能是你用的模式没有抓到最主要的因素？

林金泰：对。比如说观测代表性可能很差，对吧？你没有代表得很好。

颜晓川：比如观测到一些局部的极端的现象？

林金泰：我就在北京上空，比如在我们楼顶观测一下，这是一个值。但是，不能说我一个模式只能模拟这一个点的值。模式要能模拟一片区域的。所以，两者之间本来就有代表性的问题。所以这就是我们学科的特点。其实复杂学科都是这样。

以上这段调研实录里，提到了几个关键的概念。代表性指的是模式与其所模拟的现象的整体的契合度。而要达到整体的契合度，就需要模式把影响整体现象的最主要、最关键的因素抓取出来。而有些模式，并没有抓住现象整体的关键因素，而是误把一些只在局部生效的因素抓取出来了，所以不能反映整体规律，因此不具有代表性，也不能用于“模拟一片区域”。所以，对于模式的适用度的判断力，即对于模式所抓取的因素的“关键性”的判断力，是判断模式优劣的能力的重要基础。

3）模式构建

基于前述的对于因素的“关键性”的判断力，可以进一步发展出来“构建模式”的能力。我们可以通过判断一个模式是否抓住了关键因素来判断这个模式的适用性，我们同时也可以基于同样的洞察力来直接把我们判断为最关键的因素抓取出来而构建自己的模式。实际上，构建模式（模型、理论）的过程，就是一个把我们判断为非关键因素的部分去除，保留我们认为是关键因素的过程。对于关键因素的判断力越准，我们的简化过程就越准确，我们构建的模式自然也更有解释力或预测力。这里，林金泰教授首先论证了构建模式（简化过程）的必要性：

林金泰：比如说化学过程，因为它很复杂，所以你一定要做简化，否则基本上啥也干不了。我们刚刚讲的大气中一万多个化学反应，我们都不敢 claim（声称）它们是真实发生的，我们只能是 claim。

颜晓川：我们观察到的？

林金泰：没有，这是我们假设在大气中的污染物是怎么反应的。因为我刚才讲，这一万多个反应，大多数并不是真正实验室里面测量出来的，而是有很多假设在里面。这个机制是被我们假设出来的。它有一定的基础，比如说我们说烷烃它有一定的规律，烯烃也有一定规律，所以我们就通过这种规律，对很多很多烷烃、很多很多烯烃进行假设，假设它们是这么反应，但实际上可能根本……

颜晓川：实验室里面没有证明过？

林金泰：很多是没有证明的！因为太多了！你设想一下，太多了！所以它是我们假设出来的一个机制。

颜晓川：是一个理论？

林金泰：对，你可以理解为一个理论。这是一个 theory（理论），这个 theory 就 suppose（假设）要接近真实，但它也不是真实，但是这么多反应你不可能放到一个大的模式里面，因为太花时间了，计算量特别大，一万多个反应你设想一下，所以说它必然要简化。

一旦进入简化过程，就会涉及变量（因素）的取舍，而不同人对于不同因素的取舍，实际上决定了其构建的模式的水平。

林金泰：有人这么简化，有人那样简化，对不对？

颜晓川：简化过程的具体依据是，根据对不同地区的具体情况的了解和判断？

林金泰：对，但还不完全是这样，这只是一回事。你这个点也是对的，但还有很多别的因素，所以不同人对这个东西的理解就不一样了。有人认为说，我的假设，我就想这么弄，这么假设，这么简化比较合理。有人说我那样简化比较合理。

颜晓川：他提几个重要的出来，然后另外一个人就提另外几个。

林金泰：对，没错。

10. 独立判断

从上一小节的讨论中，我们可以看到，处理不确定性的问题需要用到“模式”，而模式的适用性需要我们去判断，同时做创新的工作时常需要构建模式。那么，判断模式与构建模式，都需要什么样的更为基础的能力和倾向呢？

实际上，模式的构建与标准化考试所需要的能力并不一致。模式的构建，特别是在具有较高不确定性的学科里，就如林金泰教授所说，是一个差异性的过程：我的假设是这样，你的假设是那样。相反，标准化考试所培养的能力和思维惯性，是明知有一个准确的、正确的标准答案，所有人的回答都一模一样，就是最好的结果。

由于两者在能力需求上的差异，完全从标准化考试的应试目的和训练中出来的高中毕业生，并不能很好地处理模型构建中的不确定性，也就很难成为真正的拔尖创新人才。因此，我们应该关注在应试技能之外，构建学生的一个更重要的能力：独立判断能力。这个能力在有差异化性质的“模型构建”工作中尤为重要。

林金泰：所以不同人用不同的模式、不同的假设，得到的结果也可能是不同的。

颜晓川：这个时候就很需要这个人的一种独立的判断？

林金泰：没有错！就是说我用这套数据，用这个模式，得到了这样的结果。我做的期间，就是隐含了我的假设在里面。当然，我需要把假设里隐含的东西说清楚。我得到的这个结果，我的分析过程是不是合理的？某一个人可能用同样的数据，但是不同的模式和假设，得到了不一样的结果。

颜晓川：一般没有说谁一定是绝对正确的。

林金泰：我只能说我的结果和过程是合理的。说到底，经常是很难讲是我的假设更合理，还是他的假设更合理，因为都有一定的基础。偶尔可以判断其实某个人做得更好一些，但是经常遇到困境，确实也不是很清楚到底是什么样子……所以说这就是我们学科的特点，就没有办法。

实际上，这种不确定性和开放性，不只是大气科学独有的。多数的创新成果，都是建立在不确定的模式、不完整信息的基础上的。这里面充满了推测、构建和判断。而这种能力往往是在标化考试的应试体系中最缺乏的。

林金泰：一旦是科研的话，即使是物理的科研也是这样的，科研就是研究你不知道的，你要都知道了，你就不用再研究了。你研究，就说明是不知道的。没有人能告诉你应该是多少才是对的，只是你会根据你的经验、你的团队的知识来判断，根据别人研究的结果来辅助判断，判断我这个结果应该是有道理的。

颜晓川：这个过程也不是标准化的，不是确切的。

林金泰：你要做这个判断，你不能告诉人家说你的这个结果一定百分之百是正确无误的。那别人就不用再研究了。不能做到这个结果。基本上不能这么做。这是学科。这是研究跟（应试性）学习的一个不同。

实际上，独立判断能力是一种基本的思维倾向，它是人的更基础层面的特性，因此它不只在科研里被需要。在很多人生的其他重要关口，例如学业方向的选择，它也都发挥着重要的作用。同时，各学科的教授们在判断一个学生是否具有独立思考的倾向和能力时，也可以从多个维度来观察和判别。例如，从学生专业选择的“盲从性”，也能看出学生是否具有独立思考的倾向和习惯。

颜晓川：要学好大气科学，学生需要具有较好的数理基础？

林金泰：基本上是需要，但是我觉得这些数理背景什么的，都是技术上的事情。而我觉得最重要的，是你有没有兴趣和毅力能坚持下来！物理、化学、生物当然是很重要的基础，但是其他的话，如果要探讨到大学，甚至以后要从事的career（职业），可能可以多看一看。

颜晓川：尽量……

林金泰：尽量避免盲从。盲从是人的惯性，是人的通病。我们那时候也算是盲从，对吧？家里选什么生物，幸好没考上。

颜晓川：盲从就是？

林金泰：哪个热门就觉得哪个好。

11. 论证说服

由于在包括大气科学在内的复杂科学的科研里，往往较少有明确的、单一的标准答案，因此需要科研人员具有独立的判断力和构建力。那么，在自己独立做出判断和构建之后，也是由于时常没有明确的正确和错误，所以这里就产生了另外一个需求：论证能力。首先，在科学本身的层面，需要有能力论证自身结论的可靠性和合理性。也就是林金泰教授所说的，要能说服别人，自己的结果和过程就要是"solid"(可靠的、扎实的)。

颜晓川：有没有可能出现这种情况，就是两个大学科学家，他们拿到类似的数据，但是从不同的出发点，然后有不同的假设，然后用稍微不同的模式，就会得出不同的结果？

林金泰：完全有可能，确实是这样的，完全有可能。

颜晓川：双方都有一定的证据？

林金泰：如果你是做比较仔细的研究的话，那肯定是。

颜晓川：那就需要论证自己的结果的可靠性。

林金泰：所以，我们就处于这种很尴尬的境地。其实没有一个人敢跟你讲，说他得到的结果肯定（可靠）绝对正确，只能是说我这结果是合理的，我的分析过程还是比较 solid（坚实可靠）的。

实际上，这种没有标准答案，没有统一共识的环境，除了科学研究本身，还在其他社会场景中经常出现。这对于大气科学这种涉及国际交流、国际协议甚至是国际争议的学科更为明显。在大气科学的很多应用场景中，也需要能在无共识框架下建立说服力的人。

颜晓川：由于大气是一个全球互通、相互流动、相互影响的体系，所以大气科学的国际合作也非常多？

林金泰：没有错。大气污染有上下游的，对不对？它不是一个关起门来我就能做的事情。大气在运动，所以说美国也担心中国。中国发生什么事情，对美国也有影响，所以它客观上必定要互相合作的，对吧？从这个层面上具体的话，污染的长距离传输方面的研究，是合作最紧密的一个部分。这样的研究，污染源区的科学家得参与，污染下游地区的科学家也得参与，所以必然要合作。源区关键是传出多少，下游地区关键是传入多少。

颜晓川：这些问题又涉及一些政治？

林金泰：有些就是敏感问题。所以说，从政治层面上，可能又是，我们拿到了同样的数据，但是解释的人不一样，解释的结果可能就不太一样。这个东西有时候不完全是科学问题，有时候它就是看问题角度和出发点不太一样的问题。我想这个学科也必然有这个问题，这种两面性存在，我没有办法。因为客观上我们需要合作，但是同时我们因为目的不太一样，所以必然会有一些结论不完全是一样的，有时候甚至是相反的，冲突得比较厉害，这也有可能。

颜晓川：所以还是需要基于扎实的论证？

林金泰：从科学研究的角度，如果你是一个谨慎的科学家的话，你一般不会说我站在一个立场，我就胡说八道；不会把没有说成有。

所以，不光是科学研究本身，在科学研究的各个应用的衍生影响层面，都需要具有强大的独立思考，能构建扎实的框架，并且能在无统一共识的环境下建立自身的说服力的人。这些条件构成了大气科学在这一维度的拔尖创新能力需求。

GEOLOGY

第七章

地质学

7

地质学拔尖创新人才

调研实录

张立飞

张立飞，北京大学地球与空间科学学院教授、院长。北京大学造山带与地壳演化教育部重点实验室主任。北京大学地质学系博士。获教育部科技进步一等奖、北京大学最受学生爱戴教师奖、教育部高校青年教师奖、教育部高校自然科学一等奖等。享受政府特殊津贴、国家杰出青年科学基金。《科学通报》《岩石学报》《高校地质学报》《地质与勘探》杂志编委，《地学前缘》《岩石矿物学杂志》和《Geoscience Frontier》副主编。中国岩石矿物地球化学学会常务理事，变质岩专业委员会主任委员，中国地质学会大陆地壳与地幔研究分会副主任，教育部地质学类教学指导委员会副主任委员，第十、十一届国家自然科学基金委员会地学部专家组成员、地质二组副组长，国际地科联固体地球组成和演化专业委员会委员（SECE）等。

调研过程与议题

调研过程与议题

在教育部的《全国高校学科评估》中，北京大学在地质学领域排名全国前三。我们将北京大学的地球与空间科学学院作为我们地质学拔尖创新人才调研的国内选址之一[1]。除了国内选址外，我们还对美国麻省理工学院（MIT）的地球、大气与行星科学系进行了地质学拔尖创新人才的调研。麻省理工学院（MIT）在地质学领域排名世界前三[2]。

在北京大学地球与空间科学学院的学科调研中，我们对其现任院长张立飞等数位师生进行了学科调研访谈。地质学也属于“小众学科”[3]，公众对地质学的认知也较为有限。而这种学科认知的匮乏，对地质学构建足够的“基数”形成了明显的挑战。因此，我们对张立飞院长的调研议题，便从这一点开始。

首先，张立飞院长指出，地质学由于长期缺乏公众认知，因此其认知拓展的工作“做起来非常困难”，所以要为地质学构建足够的“人口基数”，也十分困难。这是地质学的拔尖创新人才培养所遇到的和更为主流的学科（例如数理化）不同的挑战（第一小节）。张立飞院长进一步提到，为了缓解这一困难，国家层面推进过相关科普项目，例如“李四光中队”项目，但是受限于传统考试招生制度的“唯分数论”，这些基于知识和兴趣的项目，对中学生的影响被严重局限（第二小节）。

进一步，张立飞院长指出，传统高考筛选的能力，和地质学所需要的素质，相关性并不高。因此，他认为，对分数高的学生就“不得不收”的招生选拔制度，让这些“考试家”占用了真正有拔尖创新潜力的学生的位置。这样的招生制度对拔尖创新人才的选拔和培养形成了重要障碍（第三小节）。当然，说传统高考和地质学所需的素质的相关性不高，并不是说它们之间完全没有相关性。由于地质学的研究对象（例如岩石）的性质是用物理和化学等更为基础的学科的框架来进行分析的，所以地质学也需要学生具有一定的基础知识储备。这是高考分数和地质学所需素养的最大的相关性来源（第四小节）。而地质学和高考的相关性，大致也止步于此。

在基础知识之上，地质学作为基础学科而非设计应用类学科，其对于学生的基础性倾向的价值追求有一定需求。相比于更在意将基础知识用于设计有经济价值的产品的学生，那些倾向于将基础知识用于解释基础问题的学生，例如张立飞院长列举的追问“地球是怎么形成的”“地球是由什么组成的”“水火之争”等的学生，则更适合学习地质学（第五小节）。更细致地来看学生的兴趣倾向，则是学生是否对地质学的研究对象（例如岩石、山脉等）有具体的兴趣和好奇（第六小节）。同时，对地质学的对象进行观察、思考时，学生的视角和思维落点是否与地质学的框架相适配，也是判断一个学生是否具有地质学的拔尖潜力的一个维度。例如，就页岩气这一话题，学生的思维落点是在页岩气的经济潜力、政治意义上，还是在页岩气的产生机制与过程上（第七小节）？前者的视角和思维落点更偏向社会科学，而非地质学。

张立飞院长还指出，地质学和其他基础科学（例如数理化）相比，有一个明显的特征，就是其研究的“区域特征”性。数学物理化学等学科研究的对象，大多没有区域特征，不受行政区划的影响，而地质学则相反。所以，学生是否具有“区域性”的思维特质，也是其与地质学还是与数理化等学科更为适配的评判维度之一（第八小节）。实际上，在综合评价的申请和面试过程中，地质学领域的教授通过阅读学生的申请材料和在面试中与学生就具体的话题进行讨论，就能判断出学生在以上四个维度上与地质学的适配度，也就能在一定程度上判断该学生在地质学这一领域的拔尖创新的潜力（第九小节）。

同样在以上这四个维度上对学生有一定需求的，与地质学较为相近的两个学科分别是地球物理学（第十小节）和地理学（第十一小节），实质上它们与地质学又有一些学科特质、人才需求与选拔标准上的显著差异。例如，地球物理主要运用间接推导方法，地质学主要运用直接的观察和实验的方法。地理学主要关注与人类的生产生活密切相关的现象，而地质学并无这一倾向。这两个小节对地质学和这两个相近学科的拔尖创新人才成才过程的要素进行了区分。

进入地质学拔尖创新人才的议题之后，张立飞院长指出了地质学的拔尖创新工作的一个重要的思维能力的需求，就是处理“复杂模糊”性问题的能力（第十二小节）。这一能力和上一章节里大气科学中林金泰教授指出的处理“多要素性”和“不确定性”问题的能力较为相近。而这也是拔尖创新人才培养所需的能力与高考统招制度下的基础教育所追求和培养的能力甚至出现负相关性的例子。就这一议题，张立飞院长进一步指出，地质学的发展方向是和其他复杂科学（例如大气科学）叠加融合，所以这种“复杂性”“多要素性”“不确定性”是在继续增加（第十三小节）。一个学生不具有这样的思维能力，最终会越来越无法胜任地质学的拔尖创新工作。

地质学除了在思维层面有它自己显著的人才需求外，在行为层面也独具一格。地质学有大量的与其他学科（例如数理化等）不同的工作环境的场景（例如野外工作）。所以，学生在意愿、身体素质和实践技能上，有足够的“野外性”，才能较好地承担地质学的工作。而这当中，“意愿”部分是最重要的。我们对地质学专业的学生的调研结果显示，野外适应性的缺失，是学生在地质学学科里发展受阻的最主要的学科适配因素之一（第十四小节）。

最后，张立飞院长指出，地质学的毕业生不止是在科研上有拔尖创新的空间，在较多的社会领域，也有施展才华的平台（第十五小节）。那么，学生自身的规划和目标，是否与地质学的应用方向和领域有一定的契合度，是决定学生是否能长期持续投入该学科领域，同时该领域是否能为学生提供其所期望的收获的关键因素。这一因素上的适配度，是决定学生是否能长期与地质学这一学科领域形成正反馈，并因此在这一领域停留足够长的时间，积累足够多的知识、经验并最终成为拔尖人才的关键要素（第十六小节）。当然，地质学本身的工作，包括其内部的科研和其向外部拓展的科普工作，都需要学生具有一些基础的素质，例如张立飞院长指出的“好奇心”“独立思考”等（第十七小节）。这些不同学科通用的基础特质，加上我们前面十几个小节所描述的地质学特有的人才需求，共同构成了我们对张立飞院长的访谈所总结出来的地质学拔尖创新人才的成才过程的要素的合集。

❶ 另外一个国内选址为中国科学与技术大学。
❷ 根据《QS 世界大学排名》的地质学学科排名。
❸ 其公众认知情况与上一章中的大气科学较为相似。

1. 认知匮乏

和上一章里我们讨论的大气科学类似，地质学也是一个公众认知度较低的学科，所以其拔尖创新人才的培养，也面临同样的“基数”问题。同时，此类学科的众多学生，选择这些专业并非因为兴趣和擅长，而是因为一些其他的因素，例如通过选择“冷门”专业来“冲”一个好的学校，或者直接就是被调剂制度硬拽进来的。相反，一些较为常见的，公众认知度较高的学科，就不存在这样的问题。这里，张立飞院长对比了地质学这样的非中学主科体系的学科，和中学主科体系的学科（例如数理化）在这一维度上的区别。

颜晓川：不光是高中生，甚至是来你们地质学专业的学生，对这个学科也不是特别了解？

张立飞：不是特别了解，对。

颜晓川：所以你还得要跟他们做报告？

张立飞：对。我做报告，讲讲什么是地质学，地质学的现在和未来这样的基本的介绍。所以，我觉得你这个选题很好，我也意识到这个问题，因为每年我都跟学生要讲，至少讲一次两次。地质学专业我们所有的教授们都要给学生讲的，因为它（地质学）没办法，它不像数理化，数理化的学生不需要；地质学必须要再讲，你不讲，他（学生）就不懂。

颜晓川：我们之前调研了一位化学系的教授，他都还抱怨，就说高中生只学到两年的化学……

张立飞：我们跟他们完全没办法比，是真没法比！学生就什么也不知道，这些中学生是什么也不知道！有些中学生连山都没见过，特别是在大城市的人。没见过山，你就更不用说去思考比如雨水是怎么变化的，怎么产生的云，怎么产生的水，是吧？水气怎么循环，这都根本不清楚，基本概念都没有。

颜晓川：他们就住在楼房里。

张立飞：对，从高楼出来，一推门出来就来上大学了。你说为什么下雨？淡水是怎么循环的？这些最基本的都不清楚。

颜晓川：他们生长的环境很脱离大自然，特别是这一代人。

张立飞：他就住那楼房里，水的话，就是自来水。自来水怎么来的呢？河流。那河流怎么来的呢？不知道。所以说确实是，地质学普及太需要了。它也是一个非常遥远的目标，因为这个工作做起来非常困难，所以我觉得你这个选题很好，你这个市场也很大，尤其是中国目前的这种形势。

这里，张立飞院长指出，像地质学这样的公众认知极为薄弱的学科，要想扩大其“基数”，是一个“非常困难”的过程。实际上，在国家和政府层面，都有相关的科普项目，试图推进地质学学科的公众的“基数”的扩展，但是这些科普项目最终并没有从本质上解决这一问题。那么，为什么常规的科普项目不足以为一个学科构建“基数”呢？

2. 科普项目

实际上，常规的科普项目主要在于知识的传递和普及，而这也是其主要的局限性。以本章所涉及的学科——地质学为例，其主流的科普项目也有此特征。例如，在地质学里，最为知名的是全国性的、面向中学生的科普项目，是由原国土资源部和团中央共同发起的“李四光中队”项目。而张立飞院长所负责的北京大学地球与空间科学学院，就是该项目的一个主要的参与单位。

张立飞：国土资源部有一个叫“李四光中队”的项目。

颜晓川：李四光中队？

张立飞：李四光中队就是面向中小学生，然后去做一些科普宣传的中队。是团中央跟国土资源部❶联合搞的一个活动计划，全国性的，温家宝前总理当年还有个批示。这是国务院批准的一个行动，然后我们北大参与了第一年的工作，我们到北京的中学去做地质学的宣传工作，要宣传地球的一些知识。

颜晓川：第一期只是在北京。

张立飞：具体我不清楚，我们院的团委书记他们负责的。

颜晓川：具体怎么做呢？

张立飞：做这样一个活动，我们的博士生、研究生，去中学给学生介绍一些地质学的常识，同时也宣传李四光的爱国精神。李四光是我们科学家的一个楷模。原来不是有个李四光的电影，你小时候看到过，记得不？

颜晓川：不是太记得了。

张立飞：李四光对我们国家贡献非常大。我们国家的石油，我们国家的这么多的地质方面的工作都是李四光开创的。它❷为什么选择北大？因为李四光是北大的教授。他最早回国的时候，在北大待了十来年，是北大地质系的教授，后来当系主任。回国之前是在英国。

颜晓川：是留学？

张立飞：留学回来的。当时蔡元培当校长，李四光回来到地质系当教授，后来当地质系的系主任，培养了一大批中国杰出的地质学家。所以中国地质学的这些院士们里头，北大的最多，北大地质系现在都有 50 多个院士。

颜晓川：输出了 50 多个院士？

张立飞：对，对，输出了 50 多个，所以李四光先生的贡献非常大。他们用这样一个活动，一方面宣传地质学知识，另一方面展现老科学家怎么爱国。

颜晓川：他做了一些具体的事情，产生了很多的深远的意义。

张立飞：对，他是老一辈科学家的一个代表。

我们可以看到，李四光中队这一科普项目，其主要的宣传目标有两个：第一是地质学的“知识”或“常识”，第二是爱国精神。这样的项目也聚集了丰富的资源，包括北京大学等高等学府也在里面投入人力物力。但是，为什么这些普及“知识”和“常识”的项目并没有解决地质学的“基数”的问题呢？主要有两方面的原因。

第一是，就如我们上一章里提到的，传播现有的“知识”或者“常识”，实际上是在给出一个个既定的结论，这个过程本身并不能调动学生的积极性。相反，在宣传中展示出一个学科所蕴含的可迁移的能力和思维模式，则更能让学生看到该学科的价值。同时，在宣传中展示出一个学科知识的空白和不确定的部分，而非仅仅是已知的部分，则更容易引发学生的好奇和思考，也更容易激发他们的参与感与主人翁感。

此外，更重要的原因就是，就算学生萌发了一定的对学科的好奇、兴趣甚至主动思考，如果升学考核和评价制度不承认他们主动的探索和积累，他们的兴趣也会很快被消解掉。也就是说，如果对于一个学科的好奇、兴趣、探索等不能在高校的录取过程中，给学生带来竞争优势，绝大部分的学生就很难维持住他们的好奇、兴趣，也不会花时间去主动探索。实际上，这正是中国当前升学选拔模式的重大弊端。就如张立飞院长指出的，高中生在现有的高考框架内，其实什么也做不了。

颜晓川：那中学生能做些什么呢？

张立飞：高中生没办法，高中生得对付高考，中国的现实就是这样。

❶ 现已并入“自然资源部”。
❷ 指李四光中队项目。

3. 选拔失效

不可否认，改革开放初期确立的以标准化考试（高考）为唯一决定性要素的高校录取选拔模式，在过去的数十年，为中国带来了显著的人才选拔的效益。但是，社会在发展，需求在变化。当前的中国社会，和改革开放初期的中国社会，在很多层面上已经有了较大变化。相应的，我们的人才选拔模式也不能止步不前。

实际上，我们调研的多数学科的拔尖创新人才都指出，传统的升学选拔制度（以标准化考试分数为唯一标准的制度）对于拔尖创新人才的选拔，反而造成了极大的阻碍。有潜力成为各学科拔尖创新人才的好苗子，并不一定是高考分数最高的。而由于录取制度的单一性，高校只能录取分数最高的学生，而很难录取他们真正想要的，有潜力成为拔尖创新人才的学生。这使得高校录取到了高分的，但是质量较差的生源，并因此造成了整个拔尖创新人才培养体系的低效性。

颜晓川：你们真正希望招收的是什么样的学生？

张立飞：比如，我们有个夏令营，叫“走进北大，走进地学”。

颜晓川：这个夏令营是选拔学生的一个环节？

张立飞：对。因为我们有一周要有野外，然后有几天的室内。

然后每个学生都有一个自己的各方面的报告，最后我们综合地给学生一个评判。如果学生真有兴趣，我们会在这里面录取一部分作为备选。学校给了我们这个权利，如果他高考没考好，我们可以再降20分到30分让他来学地学，来学地质。

颜晓川：你们看重他对地质学有兴趣，有潜力？

张立飞：对，要有兴趣。现在我们感觉到，一个大学里的最主要的问题就是学生没有兴趣。没有兴趣的话，学科是很难发展的，你是很难能做得进去的。做理论，做基础研究……地质学属于基础研究的一部分，而基础研究你必须有兴趣。所以，夏令营的目的就是，像一些学生，如果他确实对地质有兴趣，他万一高考没考好，我们可以降他20分到30分，把他录进来。

颜晓川：每年能有多少个？

张立飞：每年不多，也就五六个。

颜晓川：地质学每年录取的总数是？

张立飞：每年我们总的录取的学生50人左右，全国招50人。实际上，我们不用降分它都录满了，而我们现在的问题就在这，我们想要招到优秀的学生，但是现在招不到；也不是招不到，就是很难操作，因为我们想降分录取真的有兴趣的学生，我们想招真正优秀的学生，就是说，你考得再好，你对它不感兴趣，我也不一定录你，我们想这样做，但是目前国内的情况做不到，因为你在分数面前，你为什么高的不录，录低的？这样不好面对老百姓的，交代不了，就是这个问题。

颜晓川：你觉得对他以后的发展来说的话，兴趣比那几分的差异更重要？

张立飞：太重要了！差30分，20分，对我们来讲，我感觉没有那么大的区别；就学生来讲，问题不大，区别不开，是吧？差30分，你就说这个学生不好了？没有这样的东西，你即使考得多了50分，这个学生也不一定就非常优秀。在我们看来，关键是你作为学生要对这个问题，对地质学有兴趣，然后想再进一步去做工作。所以不一定非得要考那么高。应试教育，你也知道，考那么高，无非就是多答对几个题嘛。

颜晓川：但是这样操作有一定困难？

张立飞：对。所以这个的话，目前国内的状况就是这样，这种高考的束缚你也没有办法。所以我们争取到这样的一种方式，来筛选出三五个真正对地质感兴趣的。这几个学生我们就可以给他们破格，这个是教育部和学校都允许的。因为他们经过了这样一个short course的训练，而且他对地质有兴趣，那么我们就会根据我们的观察和考察，我们也确定他确实有兴趣的话，我们就可以降分录取他。所以这样的话，一年能有五六个这样的好学生。但是，这样的比例不会太高，因为你也不能占得太多，你那么多人来考，（分数高的）你就不得不收。

我们可以看到，虽然传统的唯分数论的录取选拔制度，曾经在历史上发挥了重要的作用。但是时代在发展，社会在进步，从最初的以培养流水线工人为主要目的的教育体系，逐渐升级为培养拔尖创新人才的教育体系，其所适配的人才选拔模式也出现了变化。从拔尖创新人才的选拔来说，落后的唯分数的录取机制，不仅不能筛选出真正有潜力成为拔尖创新人才的苗子，还阻碍了高校对真正优秀的学生的录取。因此，通过“综合评价”的改革，来废除传统考试的权威性和唯一性，是中国拔尖创新人才培养机制改革的出路。

我们前面谈到了，对于学科的兴趣和适配，比分数本身更为重要。张立飞院长甚至认为，20—30 分，甚至 50 分，并不能区分学生，而是否有兴趣，是否和学科适配，则是决定学生是否能成才的关键。所以，是这些分数之外的部分，更能显著地预示一个学生的拔尖创新潜能。那么，这些“分数之外”的部分，究竟有哪些呢？张立飞院长所述的“学生对于地质学是否有兴趣”或者“学生在能力上是否与地质学适配”有判断和评价的标准吗？为了回答这些问题，在接下来的小节里，我们会对地质学的学科特质、人才需求与选拔标准进行更深入的探讨。

4. 基础知识

我们在上一小节中，将三个概念并列指出：

1）学科特质；

2）人才需求；

3）选拔标准。

因为这三个概念有明确的逻辑承接关系。首先，学科的特质是我们讨论的出发点，基于学科特质，我们可以知道学科的人才需求。例如地质学的一个特质是其对于岩石的关注，而岩石本身具有物理、化学特性。从地质学的这一学科特质中（关注岩石），我们就可以看到地质学的一个人才需求（需要对物理、化学的基础知识的掌握）。在理解了人才需求后，我们就能进一步理解学科的“人才选拔标准”，也就是根据学科的需求构建出来的选拔的评分体系。例如，根据地质学的这一人才需求（对物理、化学的基础知识的掌握），我们就能明白地质学学科的人才选拔的评分体系中，会包含对学生的“物理、化学基础知识的掌握”这一维度的考核和评价。

颜晓川：化学在地质中是不是很重要？

张立飞：化学的基础知识很重要。我刚才讲，地质学是一个非常基础的学科，但是地质学它是一个在数、理、化、生、计算机基础上发展起来的学科，所以它强烈地需要用到数、理、化、生、计算机的基础。相比于这些基础学科，其实它（地质学）是一个应用（学科）。它基础的原理还是物理、化学的原理。

颜晓川：研究岩石，是不是化学是基础科学里面用得最多的一个？

张立飞：相当多的是化学，因为你要搞物质成分、物质演化……

颜晓川：就用分析化学的一些方法？

张立飞：分析化学、物理化学这些基本的过程，离开化学岩石就没法做。你研究岩石，你就是研究矿物。矿物是什么？矿物是由元素组成的。元素里头又有一些同位素，有些微量元素，还有一些稀土元素，这些都是化学。你一旦进入到实验室来做，你的工作跟化学做的是一样的。

我们可以看到，地质学具有一个学科特质：与更为基础的数理化生紧密联系。而这一学科特质，导致了其具有相应的人才需求：需要学生对于数理化生知识的掌握。而这一人才需求又产生了它的人才选拔模式里的一个维度：判别考生对数理化知识的掌握程度。当然，这一维度是可以用传统的标准化考试（例如高考）来进行判断的。但是，这一维度也是传统选拔模式能走到的最远的一步。

5. 基础学科

地质学的基础性有两个主要维度：第一个是它在知识结构上与更传统的基础学科（例如数理化）之间的密切关联（上一小节的内容），第二个是其本身作为一个基础学科的价值层面的基础性。

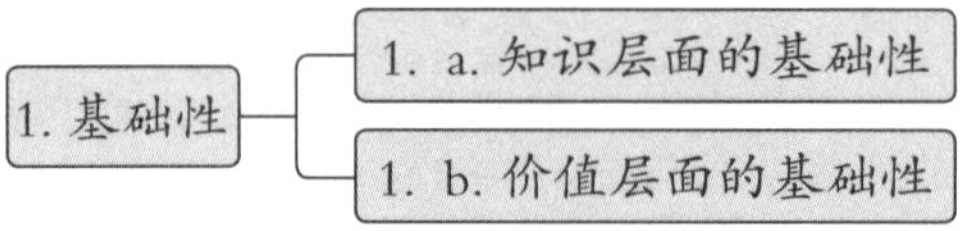

而地质学的学科特质里的“基础性”这一维度里的这第二个子维度（价值层面的基础性），衍生出了地质学学科的一系列的新的人才需求与选拔标准。

张立飞：你知道地质学是六大基础学科之一吗？“天地生数理化”，我们常常这样说，或者“数理化天地生”，对吧？这里的“地”指的是地学。而地学中，地质学是最早的。因为我们人类想了解地球是怎么形成的，地球是由什么组成的，地球给我们提供哪些矿产资源，这都是地质的内容。逐渐深入研究，就发展出了地理学、地球物理学、大气科学甚至海洋科学，但地质学是这里面最早的。你可以翻翻书，地质学最早出现过“水火之争”的时代。

颜晓川：关于岩石是怎么产生的？

张立飞：对。莱伊尔在写地球的自然演化的过程中提到了水火之争。有些人认为是火成的，有些人认为是水成的，就争论了两个多世纪，最后争来争去，谁也没说服谁，最后又出现了第三种岩石类型，就是变质岩，所以地球表面现在岩石有三种类型，一种是火成的、岩浆岩，一种是沉积，一种就是变质岩。我搞的就是变质岩。

我们可以看到，地质学作为基础学科的一个学科特质，就是其关注的问题都是相对基础的原理性问题，而非直接实用的设计或工程性问题。基础性问题主要在于揭示世界的面貌和规律，而应用型的问题主要在于设计或制造出有经济价值的产品。牛顿发现万有引力并构建出描述该规律的数学公式是基础科学性质的工作，而利用该公式来设计出一个能够回收的，可以创造经济收益的火箭，则是应用性的、工程性的工作。这里，张立飞院长举例的几乎所有地质学关注的问题，例如“地球是怎么形成的”“地球是由什么组成的”，以及“岩石是怎么产生的”，都是具有明显的基础性特征的问题。他提到的历史上地质学里的重大争议“水火之争”，本身也是明显的基础层面的争议，而非应用层面的争议。

基于地质学的“基础性”的这一特质，我们可以看到，相比于实用性价值为主的，希望能直接做出产品来迅速变现的学生，对于世界的本质和规律更感兴趣的学生则更适合学习地质学。这两种兴趣和价值的导向没有对错之分，也没有高下之分，因为它们对于世界都有重要的意义。这种价值倾向和兴趣导向的形成，其实也并不完全受学生自己的控制：先天的基因、家庭环境、父母从事的职业、地域的文化特色等等，都会产生影响。但是，不管是何种原因，学生到成年时，都会具有自己的一套价值体系，因为不会有任何两个学生在先天（基因等）和后天（成长环境）上都是一模一样的。正所谓千人千面。

正是因为人与人之间的价值倾向和兴趣导向的不同，学生方面有效的学业规划，和高校方面有效的人才选拔，都不能仅仅依靠统一命题、统一规定标准答案的试卷分数来做出决策。学生应该选择与自身价值、兴趣和思维模式较为匹配的学科，才能更好地发挥自己的长处，也才更有可能成为拔尖创新人才。如果仅仅只是按照专业分数线和自己的分数，去“冲”一个自己预估能上的“最好”的专业，则是本末倒置，反而对未来发展和成才的可能性造成负面影响。

从高校人才选拔的角度来看，高校在对报考基础学科，例如报考地质学的学生进行选拔时，就需要在这一维度上进行甄别，看学生自己的价值观、兴趣方向、思维模式以及个人规划是否与其所报考的学科专业相适配。而在这一维度的甄别上，行之有效的形式并非传统的标准化考试（例如高考）的分数，而是“综合评价”模式里的面试、个人陈述、活动列表、获奖列表等。这也是新的“综合评价”模式显著优于单一标化考试模式的原因之一。

6. 地质对象

我们前面讲到了，地质学是一门基础学科，且与数理化生等基础学科的知识体系有较为紧密的联系。但是，地质学在研究对象上，又与这些更为基础的学科不同。实际上，地质学独特的研究对象，是与这些基础学科相区分的一个要素；同时，从人才选拔的角度来看，一个学生是否对具有地质学特征的研究对象感兴趣，也是区分该学生是更适合学习地质学，还是其他基础科学的要点。这里，张立飞院长讲述了地质学的研究对象和化学的研究对象的差异。

颜晓川：地质学是用物理、化学的方法来研究地质现象？

张立飞：对，用物理、化学的手段、方法来研究自然的过程。像我们搞岩石的，跟化学非常相近。但是我们和化学也有不同，我们搞自然界的岩石，而化学系的人搞的是实验室合成的一些物质：我们的不同就是我们的研究对象不一样。

我们实验的东西，以及我们拿的样品，都是自然界经过几亿年、几十亿年形成的。比如，我手里这块石头是从阿尔卑斯山脉采集的，叫榴辉岩，这一块就是我们在瑞士境内采集的。所以，我们地质学和化学的研究对象不一样，我们研究的是自然界的岩石。

颜晓川：地质学除了有主要运用化学的方向，还主要运用物理的方向？

张立飞：地质学和数、理、化、生都是结合得非常密切的。我们刚刚讲的岩石的研究，就是跟化学结合。地质学里面的主要的方向，一个就是地球化学，主要研究岩石和矿物；另一个是构造地质学，就是专门用力学的手段来研究地球表面的变形过程。地质力学你知道吗？李四光先生创建了中国的地质力学。

颜晓川：比如山脉怎么样形成？

张立飞：对。山脉怎么形成的？它为什么形成一个形态？秦岭为什么是横跨中国腹地的这样一个形态？喜马拉雅山它为什么是这样的一个走向？这就是力学。

颜晓川：地质力学？

张立飞：就叫地质力学，就是用力学的手段、方法来研究地球表面的变形过程。变形过程英文叫 deformation。这个方向叫 structurology（结构学）。它研究的是构造、结构，它不管物质成分，只管它怎么变形的。这叫构造地质学。

颜晓川：还有主要基于生物知识的？

张立飞：还有一个方向叫古生物学，就跟生物密切相关。比如，我讲的恐龙化石这些东西，都是古生物学。这个方向不一定关心这岩石是怎么形成的，它更关心的是古生物：这些生物怎么变化，怎么进化的？恐龙灭绝了以后变成了鸟，那么有哪些证据来表明它就是这样的？这个方向就是和生命的演化、生命的起源密切相关的。

颜晓川：北大有这个专业？

张立飞：对，我们专门有这样的一个专业：古生物专业。这是我们学院跟生命学院联合办的。学生前三年都在生命学院去学生物，最后一年到我们地质学专业学一些地质的基础课，然后他再做这些工作，就很得心应手。

颜晓川：他有很多工作是生命科学的工作？

张立飞：对，有很多生物学的工作。比如，把化石拿来做生物的结构分析。分析细胞、组织这些东西，这都生物，对吧？

颜晓川：还有主要依赖数学的方向吗？

张立飞：这方面还是有的。数学跟地质结合也是非常密切的。原来有数学地质学。数学地质学在全世界都有，都叫数学地质学。它是用数学、统计的方法，来研究地质的对象。比如找矿。数学地质学在矿产普查方面应用非常广，也非常重要。我们可以用地球化学的手段去采集一系列的样品来进行化学分析，然后进行模糊处理，建立一些数学模型，然后用统计分析的方法来预测在什么样的地区这些元素会较为集中。

由于数、理、化、生都是中学课程体系的“主科”，所以中学生对这些学科接触较多，了解较多。相较于对地质学感兴趣的学生，对这些主科感兴趣的学生的基数更大。而我们从前面的小节里已经看到，地质学的研究依赖于这些更为基础的学科的知识体系，因此，对这些基础学科的兴趣和擅长，是能学好地质学的一个必要条件。但是，我们在对地质学学科进行人才选拔时，并不能假设所有对这些基础学科（数理化生）感兴趣的学生都会对地质学感兴趣；我们也不能假设，所有擅长于学习数理化生的学生，都会在地质学里发展得较好。因此，对数理化生的兴趣和能力，只是能学好地质学的必要条件，而非充分条件。

那么，我们如何判断一个学生是否适合学习地质学呢？在“数理化生”这个维度之外，就如我们本小节谈到的，学生应该对地质的研究对象感兴趣。地质学的研究对象具有一种显著的特殊性——它们都具有“地”的属性。张立飞院长在本小节里提到的“岩石”“山脉”“化石”“矿产”都是这个范畴内的案例。所以，一个适合学习地质学的学生，他的兴趣不会止于数、理、化、生的知识本身，而是在于希望用这些知识来研究那些具有“地”的属性的对象。当然，和上一小节所关注的适配和选拔的维度相似，本小节谈到的这一维度，也较为依赖“综合评价”的选拔制度。传统的单一标化考试（高考统招）的选拔模式，是较难在这一维度上具有有效的选拔功能的。

7. 对象视角

实际上，不只是高校的人才选拔需要识别学生的兴趣方向和思维倾向，学生自己的学业规划，也依赖于清晰的对自我兴趣和思维的认知。那么，学生如何才能判断自己的兴趣方向和思维倾向是否具有地质学的特征，是否与地质学的研究对象相符呢？在本小节里，我们就以一个较为典型的社会议题“能源”为例，来讲解如何通过思维或对话的内容来判断自身或对方的兴趣方向和思维倾向是否与某一学科的研究对象相符。

能源问题中一个较为热门的子话题是“页岩气”。页岩气是一种在岩石中采集的，可以用作燃料的气体。页岩气是一个很好的“时事”讨论的议题（特别是在面试中），因为它具有“多面框架”。也就是说，它不是完全属于某一个学科的议题。因此，一个学生在思考和讨论这个议题时所采用的出发点、思路、知识、例证和结论，都能反映该学生自身的兴趣、知识积累和思维模式的方向性。

例如，由于页岩气是传统石油资源的替代品，所以它具有极大的经济价值。一个具有与经济学相适配的兴趣方向和思维模式的学生，看到“页岩气”这一概念时，会思考或讨论的内容和出发点可能是：页岩气的开采，对于石油的价格（例如汽油的价格）会有什么样的影响？页岩气开采的情况，会如何影响到电动车产业的发展？页岩气的市场价格，是否足以支撑其开采成本？因此政府补助的角色和意义有多大？等等。

再比如，一个具有与政治学或国际关系学相适配的兴趣方向和思维模式的学生，看到同样的“页岩气”这一概念时，会思考或讨论的内容和出发点可能是：美国的能源很大一部分依赖于从中东国家的进口，那么美国本土页岩气的开采，会如何影响到美国和中东、美国和欧洲的关系？中国页岩气的开采情况，会如何影响到中国和俄罗斯、中国和欧洲以及中国和海上石油运输要道马六甲海峡周边国家（例如新加坡）的关系？等等。

那么，一个具有与地质学相适配的兴趣方向和思维模式的学生，看到同样的“页岩气”这一概念时，他思考和讨论的内容，可能会是什么呢？实际上，张立飞院长就“页岩气”这一概念所产生的思考和回答，本身就是一个典型的案例。

颜晓川：您怎么看页岩气这个东西？

张立飞：页岩气其实是我们地质学的一个东西。它非常热门，在美国也非常热门。

颜晓川：地质学主要关注页岩气的发现和开采？

张立飞：以前我们找气，都是在（地下）找大的空间，因为有大的空间，才能够储存足够大量的页岩气。地质过程，会产生很多甲烷气体，只要你有空间把它储存起来，那就是矿藏，你就可以把它开发出来。

颜晓川：岩石中间可能有很大的空洞？

张立飞：对，空洞，或者是一个构造的过程造成了一个空间。有这样的空洞或者空间，就可能储存。但是，光是有空间还不行，它还要是封闭的。不封闭的话，气体就跑掉了。现在的话，更多的是要找页岩里头的小的空间，因为页岩是li度最小的岩石。

颜晓川：力度？

张立飞：粒（lì）度，粒（lì）径。颗粒的粒。

颜晓川：哦！

张立飞：就是grain size，粒度。页岩是颗粒最小的一种沉积岩，所以它表面的吸附性非常强，它就可以吸附很多的气体，这些气体就附着在它的颗粒的表面。如果颗粒间再有点孔隙，它就能吸附更多的气体。

颜晓川：所以页岩气不是一个整体的大的空间里的，而是很小的一个一个的？

张立飞：对。所以这样的空间吸附了气体以后，你要有些办法，把吸附的气体吸取出来，把它收集出来，那就是很多的矿产。

颜晓川：地质学家通过对岩石的这种孔隙度的分析，就大概能确定这里有没有可能……

张立飞：对，所以这是非常热门的。这叫作非常规油气。它是有可能带动美国下一次的产业革命的。它在中国现在发展也很快。大家都在找它。

从这一小节的讨论中，我们可以看到，虽然“页岩气”这一概念具有多框架性，并因此具有学科中立性，经济学、政治学、国际关系、地质学、机械工程、动力工程、环境工程等都对其有较大关注。正是因为这一议题的学科中立性，所以它是很好的“时事”讨论的议题。通过让学生参与这样的议题的讨论，然后观察每个学生的思考和表述的内容的出发点和侧重点的不同，我们就可以大致感受出他们基本的兴趣方向、知识积累和思维倾向。

例如，一个在兴趣和思维上主要与经济学相适配的学生，他的思考和回答的内容，就不会和一个主要与地质学相适配的学生雷同。前者想到页岩气这个概念时，可能会想到价格、补助以及对产业格局的影响等。而像张立飞院长这样的偏地质学的大脑，则会看到“岩石”“空间”“粒度”“空隙”等这个议题中与“地”相关的侧面。所以，高校也可以通过这一模式来判断学生与其所报考的学科的适配性。

8. 区域特征

我们在对数学和物理学进行学科调研时，中外的调研对象都强调，他们的学科具有最高的普适性，他们所研究的规律是放之四海而皆准的。因此，他们认为，适合学这类学科的学生，是对普适性有较高追求的，而不是希望学习或研究具体的、具有地域差异性或具有文化差异性的内容。相反，地质学与数学和物理等在这一点上不同。与超越了地域和文化的数学或物理概念相比，地质学研究的对象就普遍具有显著的地域差异性。而正是因为地质学所牵涉的地域性，使得其与国家和政府有较大的关联。

颜晓川：相比于数理化等基础学科，地质学还有哪些特征？

张立飞：国家最早就有地质部。李四光是中国第一任地质部部长，但是……

颜晓川：没有物理部。

张立飞：没有数学部，没有物理部，没有化学部。你就知道地质有多么重要，国家的发展离不开地质。工业的发展，经济的发展也是地质先行。国家经济发展，这么大的国家，消耗的资源是不可想象的，对能源的需求绝对是非常大的。而这方面的需求要解决的话，最重要的一个学科就是地质学。因为所有的矿产资源，都跟地质有关。所以我们国家先成立了地质部，后来叫作地质矿产部，后来又变为国土资源部❶。

颜晓川：每个国家都需要有这样的部门？

张立飞：我这样跟学生讲，好多国家可以不搞数学，不搞物理，不搞化学。它没能力，就可以不搞这些学科。但是，地质学它必须要搞，因为什么？因为它必须要了解它所掌控的这块土地上有什么东西。

颜晓川：而且地质跟数理化不同，就是地质它有区域的差异性。

张立飞：区域差异非常大！因为地球演化不是均匀的，它是有差异的演化。比如北美的地质和欧亚的地质就不完全一样。

颜晓川：所以每个国家需要有自己的地质学，因为你不能完全像数理化那样用别人做出来的成果。

张立飞：对，像数理化，它全世界有一个共同的标准。地质学虽然也有个标准，但是在地质学里，我们另一方面强调它有区域性。区域性的体现就是地球演化的差异性。打个比喻，我们发现恐龙最后灭绝，在白垩纪的时候，最后变成了鸟。那么，这类记录就在中国有，在其他国家就没记录，比如美国就没有，所以我们国家的古生物学，是世界领先的。克林顿当总统的时候，都强调这一点。《美国国家地理》杂志有一期的封面，就是报道中国的恐龙鸟。恐龙那么大的动物，在白垩纪灭绝了，然后它们最后变成了鸟。这个记录，就在咱们国家的辽宁朝阳一带的化石里有记录。

颜晓川：只有在那边地下才有这种化石，在其他地方就没找到？

张立飞：这就是地球演化的差异性。为什么在中国就找到了？因为中国在那个时间有一个突然的事件。当时是一个火山喷发，把当时的环境突然就给保存下来了，给埋藏下来了。这样，当时的环境没有被破坏掉，没有被腐蚀掉，所以那些恐龙化石就保留下来了。我们现在把它们挖掘出来，而它们就记录了这个过程。而其他地方都没保留下来，就没记录下来。这就是差异，对吧？所以地质学有这样一个差异性，包括矿产资源也是这样。为什么中东它就石油那么多，其他国家就没这么多了？这就是一个差异。我们必须要承认差异。但也有共性，地球作为一个整体，它是肯定有共性的东西，但是它的演化过程的不同方面，肯定也是有差异性的。

从本小节的讨论中，我们可以看到，地质学的思路，与数学、物理等基础学科还有不同，就是前者包含一个地域差异性的框架。如果一个学生只是对一些极为普适的，放之四海而皆准的结论感兴趣，那他则可能更适合学习数学、物理等基础学科。相反，如果一个学生除了对共性的特征的把握外，还喜欢并擅长采用区域性的、差异性的思维框架来看待和分析事物，则可能更适合学习地质学。

❶ 现并入自然资源部。

9. 贯穿案例

我们在前面的小节里提到了地质学的几个基本特征：

1）地质学与基础学科（例如数理化）的知识体系有密切的相关性；

2）地质学的研究问题是较为基础的，而非与具体产品有关的设计问题；

3）在基础学科中，地质学研究的对象较为特殊，都具有“地”的属性；

4）地质学的对象和问题往往具有较强的区域差异性。

那么，有没有一个地质学的例子，能够同时反映以上地质学的这些特质呢？在本小节里，张立飞院长对“榴辉岩”这种岩石的思考与描述，就同时具有以上四个地质学的基本特质。

颜晓川：如果是外行人看一个岩石，我们就想到的，可能就是了解一下它的化学成分。而如果是一个具有地质学思路的人，他看一块石头，能够看到一些什么？

张立飞：我们来看岩石的话，不能单纯看它的成分。成分相同的岩石很多，但是还有更多的要考虑的东西。任何一块岩石在地质上来看，它都不是孤立的，它是一个地质事件的记录，对吧？我就举榴辉岩的例子，榴辉岩英文叫 Eclogite，它是一个板块俯冲的标志，板块俯冲你知道吧？
地球运动的基本形式是板块运动。美国是在北美板块上，中国是在欧亚板块上。欧亚大陆是最老的大陆，是由好多板块拼接起来的。最好的例子就是青藏高原，就是印度板块贴到欧亚板块上了，所以它俯冲、挤压，让新的青藏高原隆起来了。现在世界上最高的高原，最高的山喜马拉雅山的出现，都是这样的形成过程。地质学家这么多年的一个基本认识，就是板块运动。而板块运动的最典型的标志，就是要形成这种榴辉岩。

颜晓川：板块运动为什么会形成这种榴辉岩呢？

张立飞：榴辉岩的形成需要一定的压力。压力要高，温度要高。

颜晓川：压力温度要高？

张立飞：这种高温度高压力的条件，在通常的环境下不能实现，只有板块俯冲下去，就是一个从地表的东西给它俯冲到地球内部，有一定深度，才会实现。地球内部深度越深，压力越高，所以辐射到深处，才能形成这种岩石，才能有形成榴辉岩的压力。

颜晓川：那这种岩石是怎么跑到地表上来的？

张立飞：它俯冲下去，造成了一个俯冲带。而这个俯冲带它本身不是一个稳定的地带，它肯定是一个活动的地带。经过一些不同的作用过程，反正经过一个很复杂的过程，最后山脉隆升起来。

颜晓川：这个过程，把它俯冲到下面的那一块，高压高热的那一块，又抬升到地面上来了？

张立飞：对，把它抬升起来了。这种过程有不同的机制，有人认为是一种叫作Channel flow的机制，就是一个隧道流的方式，这边俯冲下去以后，那边就折弯上来。这是一种机制。还有好多种抬升模式。但是无论怎么说，它最后到了地表上来。

颜晓川：也就是说，学地质的人，看到这种岩石，第一就知道这个地方有俯冲的现象，第二还知道这曾经是有地下的东西抬升起来的过程？

张立飞：对。再一个更重要的方面，就是看到榴辉岩，他能想到这是一个两个板块的边界，它不是一个固定的板块的内部。

颜晓川：然后你就知道，在这个地方，你就不能建什么危险物的储存设施？

张立飞：对。所以汶川为什么老地震？就是因为它是一个活动带。我们老说“地震活动带”，为什么叫地震活动带？就是因为它是一个板块的边界，两个板块在不断地活动着。比如日本，日本地震为什么这么多？因为日本就是太平洋板块不断向着欧亚板块俯冲的地方。太平洋板块不断地持续往下俯冲，现在也在俯冲，每天都在俯冲，所以日本就老有地震。日本一年有五六百次地震，这是固定的，因为它就是一个活动带。相反，我们华北地台是稳定，因为它是一个固定的板块，不会动的，但是陆内它偶尔也会出现一个地震。比如唐山地震。唐山的地震就是很特殊的地震，因为它是一个陆内的地震，它是在积累了多少多少年后，才会突然来一次的。

颜晓川：但是那个频率就远没有……

张立飞：那就低多了。陆内就稳定多了。

颜晓川：所以看到这种岩石，就知道不能往这个地方放什么辐射物的掩埋设施？

张立飞：不能做一些核扩散的东西的处理，不能做。

颜晓川：比如不能做核废料？

张立飞：核废料不能做，因为一地震，那就影响很大。所以你要做地质的话，当然你考虑问题的思路会不一样。虽然很多岩石有同样的物质成分，但是它形成的过程不一样，岩石记录的历史就不一样。

从张立飞院长关于榴辉岩的讲述中，我们看到地质学家的思路，以及地质学本身的特质。首先，地质学与基础数理化知识体系有密切关联。张立飞院长在讲述榴辉岩的故事的过程中，首先涉及了榴辉岩的化学成分和其形成的物理条件，例如温度和压力。第二，作为基础学科，地质学关注的是机理性的问题，而非具体产品的设计。这是区分基础学科和工程类学科的差异。在这一点上，张立飞院长在讲述榴辉岩的过程中也有所体现，例如，他关注的是“俯冲”“抬升”“山脉隆起”这些基本的地质过程和机制，而非具体产品的设计，例如一个石油钻井的钻头该如何设计等。第三，地质学的研究对象具有较强的地域差异性。这一点在这一故事中也有体现。例如，张立飞院长提到了“日本”和“华北地台”在地震发生频率上的地域差异，以及其背后的原因，这种地域差异性也是地质学本身的特质带来的关注要点。

在此我们以这一小节作为一个贯穿性的案例，将前面几个小节所分别探讨的地质学的几个核心特质进行梳理和总结。学生也可以参照这个案例，来判断自己的兴趣、思维模式以及个人规划是否与地质学的这几个核心特质相适配。

10. 地球物理

在前面的讨论中，我们并未区分两个相近的概念：

1）地学（地球科学）；

2）地质学。

虽然张立飞院长在前面的章节讲到，在地学的范畴中，地质学是最早出现的，或许也是最具代表性的。但是，地质学并不是地球科学的全部。地球科学中还有其他的学科。在中国教育部的学科目录中，地学类（地球科学类）的一级学科有：地理学、地质学、地球物理学、海洋科学、大气科学这五个。虽然同属于地球科学类，这些学科的特质也并非完全相同。我们在接下来的两个小节里，对与地质学相关性最为紧密的两个学科：地球物理学和地理学进行比较性的分析。

首先，我们与张立飞院长谈到了地质学与地球物理学之间的差异和联系。

颜晓川：我看教育部的学科分类，它把地球物理独立出来，作为一个类。

张立飞：这是近代的发展。地球物理最早也还是地质学的一部分，就是用物理的方法来探测地球深部的过程。

颜晓川：地质学的直接研究比较多，而地球物理的间接推算比较多？

张立飞：对，是这样。地球物理实际上就是用物理的这些波的方法来研究地球深部。我们的地球的半径就有6 400多公里，而我们人类现在能钻探到最深的，也就11公里。这是苏联克拉半岛的最深的钻井。你想想，地球半径就6 400公里，你人类能钻下去的那11公里，就是一点皮毛，是吧？地球深部的内容我们都不知道。怎么办？我们就是用地球物理的这些物理学的方法，用声波的方法来放一些地震波，然后来接收（反弹回来的）地震波，来看看这些（地下的）介质是什么东西，来推测它（地球）内部的结构、物质组成。还有用地球的磁性、磁场来了解地球内部的过程。但是它（地球物理）的这些方法都是间接手段，不能直接去（拿到样品），只能去推算它是什么东西。我们也拿不到，所以就只能是推算。我们看到说p波是这样，s波是这样，那么有可能（地下深部）是什么东西。

颜晓川：但是地质学……

张立飞：地质学主要是看各个地质历史时期记录下来的岩石。岩石的物质成分才是最好的记录，把自然界的演化都记录到岩石中了。我常常讲的恐龙变成鸟的化石，都是这样。在白垩纪突然一次火山爆发，把恐龙灭绝了，然后沉积就把它们埋藏了。

颜晓川：这些我们挖下去就可以亲眼看到。

张立飞：亲眼就能看到。我们把那化石拿出来。为什么你有那么强的说服力？你就看到恐龙它的这个两翼就长出了羽毛，你看Nature的封面文章，对吧？最后恐龙就变成鸟了，就叫作孔子鸟。

颜晓川：地质学一个是观察，另外一个是可以亲自带回实验室。

张立飞：亲自带回进行研究。我们知道地球有45.5亿年的历史，对吧？在历史演化过程中，它都形成了不同的岩石。地质学已经很好地把它这么多年的历史都建立起来了，不同历史时期的岩石是什么样子，什么样的一个标准，全世界都有共同的……地层。我们讲的地层有金钉子，大家都公认的。如果没有地层，不是沉积的，而是岩浆的、变质的，就用地球化学的手段来做一些定年的研究。刚刚讲的是碳14，这是一种办法，那是最年轻的考古中，我们可以用的。因为它半衰期特别短，所以可以用它来研究很近代的，很新的，千年级的东西。但是地质演化有45亿年的历史，你这个（碳14）显然是不够的，所以我们现在用放射性同位素的办法。这些元素的衰变，根据它的半衰期，根据子体母体的含量，我们就可以测定它，原来这个岩石是什么时候形成的。这种手段已经发展得非常完善了，我们在测定同位素的时代方面应该没啥问题，所以这样我们就知道地球的一步一步的演化，不同时期它记录了什么过程。

颜晓川：就是把你观测到的过程放到一个时间轴上了？

张立飞：对。然后从这个时间轴上，我们就可以去探测。比如，5亿年的时候全球发生了什么事情？地球演化到这个阶段，它是一个什么样的状态？我们说5亿、6亿年的时候是一个生命大爆发的时期，然后地球在生物方面，才不断地变化，以前都没有生命。

颜晓川：这都是地质学通过同位素方法的一个历史的反推？

张立飞：从地层的记录来看。有生命记录了以后，从6亿年以后，地层就有化石来记录了。但是，首先得有生命才会有化石，是吧？而生物从6亿年以后才有，那6亿年以前怎么办？我们就得用同位素的办法，用化学方法把它的同位素，把它记录的矿物选出来，用化学方法测定它的年代。

从以上调研实录，我们可以看到，地质学和地球物理在两个层面上有差异：

1）地质学主要采用直接研究的方法（例如直接观察或者亲自把样品取出）；地球物理更多采用间接研究的方法（例如通过地震波的反射，来间接推算出地下的物质成分和结构）。

2）地质学研究所采用方法的基础知识体系更偏向化学；地球物理研究所采用方法的基础知识体系更偏向物理。

以上这两点由张立飞院长（地质学家）所指出的地质学与地球物理之间的学科特质差异，和我们对多位地质学家和地球物理学家的调研结果相吻合。所以我们能大致确定，这两点差异是两个学科共同体双方对他们的学科的特质的比较性认知的共识。基于这两点差异，我们也不难理解为什么教育主管部门会将这两个学科设立为分开的、单独的一级学科。同时，也是基于它们之间的这些显著的差异，使得它们在人才需求与选拔标准上也有不同的偏好。

11. 地理科学

最常与地质学相提并论的，除了地球物理学之外，还有另外一个学科：地理学。实际上，地理学作为中学阶段的主要科目之一，学生对其的理解程度比地质学更深。虽然这两者的名称中都带有“地”字，但是它们在研究对象和学科特质上具有明显的差异。如果一个中学生按照自己对中学地理学的喜好和擅长程度来做对地质学的专业选择的决策，那便会走入误区。那么，地质学和地理学有哪些核心的差异呢?

颜晓川：地质学和地理学，特别是和自然地理学，是否是差不多的?

张立飞：它们是不同的。地理学研究的是地表的过程，它更强调的是地球表面的跟人类活动有关的过程。这个叫地理学。地理学现在分成自然地理、人文地理、地理信息系统。人文地理里面有比如经济地理、历史地理，这些都是跟人类活动密切相关的。

颜晓川：哦！比如说，它会研究一个地方的地表的土壤肥不肥沃?

张立飞：对对对。地表过程的一个最主要的演化机理，就是风化作用。自然界岩石由于地球表面的物理化学的变化、温差的变化、地表水的作用，使得岩石发生风化剥蚀，形成各种各样的地貌。自然地理学研究的是这个过程。而这个过程是跟人类环境密切相关的。

颜晓川：跟人类的生活，例如种田这类活动密切相关？

张立飞：对。比如形成了什么样的土壤，是吧？是碱质的、酸质的？什么样的土壤对农作物有什么影响？从而经济怎么发展？等等。所以地理学更多的是跟人的活动相关的，所以它研究的东西，是大家比较关心的。

颜晓川：相比于地质学，地理学不太挖掘比如地球是怎么形成的？

张立飞：对。它更多关心的是地表的过程，而地表过程，对地质学来讲，对于整个地球来讲，只是一个方面，只是最新的一个过程。但时，地理学的内容对人比较直观，社会比较关心。

颜晓川：但它涉及不到比如岩石的演化？

张立飞：对，很少涉猎。除非某个具体的老师感兴趣，否则他们一般不太涉猎。

通过以上的学科调研实录，我们可以看到，地质学和地理学关注的对象并不完全重叠，甚至可以说是有显著差异。地理学关注的是地球上与人类活动紧密相关的事物。这些事物既可以是自然的（例如河流的演化），也可以是人文的（例如国家疆域的变化），还可以是技术的（例如北斗或 GPS 等地理信息系统）。而地质学主要在自然层面，较少涉及人文层面。从另外一个角度来看，地质学关注地球的多个方面，和地理学的主要关注（地表的且和人类密切相关的方面）有所不同。因此，我们可以说，地质学和地理学有部分共性，但也有较为显著的差异性。这也是地质学与地理学会被设立为两个独立的一级学科的原因。同时，学生进行学业规划、专业选择以及升学申请时，需要对在名称上具有相似性的学科，例如“地理学”“地球物理”“地质学”等进行深度的学科认知后再做决策。

12. 复杂模糊

我们前面小节中所讨论的地质学的特质，是该学科人才培养和人才选拔的核心要素。而我们在接下来的小节里讨论的，更偏向于该学科的拔尖创新人才的培养的核心要素。也就是说，一个学生与以下讨论的这些特质的适配度，是判断该学生在进入这个学科后成为拔尖创新人才的潜力的重要评价维度。因此，以下讨论的学科特质、人才需求和选拔标准，是建立在前面讨论的特质之上的，但是更进一步专门指向拔尖创新人才的部分。

首先，张立飞院长提到了地质学的一个特征：复杂科学的性质。在前面的关于“大气科学”的章节中，北京大学大气科学系系主任林金泰教授也提到了这个概念。同时，他也认为，在自然科学中，地球科学类别（包括地质学、地理学、大气科学、海洋科学等）都是属于“复杂科学”的范畴，因此它们具有比更基础的数、理、化等学科更为显著的“复杂性”特征。张立飞院长对于地质学的特征的描述，也符合这一看法：

颜晓川：地质学和作为其知识基础的化学相比有什么特征？

张立飞：相比于地质学，化学更偏简单。他们（化学家）研究的东西，在我们看来是一个个简单的体系。我们研究的是自然界，而自然界的东西是特别复杂的。

颜晓川：一个岩石有不同的矿物？

张立飞：对，你看这岩石里头有各种各样的矿物，所以它涉及的元素的成分也特别复杂。

地质学的这一复杂性，带来了其“模糊性”。而这种模糊性，对学生思维的灵活度有较强的依赖。也就是说，一个较为有潜力在地质学领域里取得拔尖创新成果的学生，是具有在信息不完整、变量不完全等明显的不确定性下做出判断的能力的。而这种能力，在中国传统的基础教育中，不仅没有被强化，反而被削弱。这也导致一种“倒挂”现象的出现，就是中学的考试分数越高，学生学好地质学的潜力越低[1]。

张立飞：学生学习地质学科，困难还是很多的。对于我们的学生来讲，他们很多方面不太擅长。我们学生都学会了 1+1=2，就知道这个。只会应试。而地质学这样一个学科，它不是通过简单的理性演绎就能表达出来的，它更多的是观察和积累经验。就像生物的分类一样，是从观察中看事物的演化规律，探索它的过程，而不是说用数理方程就能表达，就能演绎出来这个过程。

颜晓川：不是那么简洁和明确，不是一五一十的这种 1+1=2。

张立飞：对，很多学生这个弯转不过来。

颜晓川：他们还是觉得应该能算出一个精确的答案。

张立飞：对。

颜晓川：应试教育出来的学生，很多人来了大学之后，觉得还像以前一样，他可以算出一个具体的答案，然后把它圈出来，他觉得比较有安全感。

张立飞：是这样。现在的学生，尤其是应试的，经过这么多年应试教育以后，创新性就不够了。

颜晓川：而且像地质学，它很多是开放性的问题。

张立飞：对，开放性的。甚至有些问题是无法能拿到答案的，是吧？甚至答案都没有。

颜晓川：有可能你的线索，你的信息都不全。

张立飞：是这样的。你得不到这些基本的数据，基本的内容，那么你就得要靠经验去想，所以地质学很多问题都是没有答案的。

颜晓川：就比较灵活一些。

张立飞：比较灵活一些，然后这样的话，很多学生就确实不太行。像高中教的数学、物理这种就特别的精确。尤其是数理化好的学生更是这样，他（高中数理化）越好，他越不适应。他觉得什么东西都能求出一个解。

颜晓川：正确的答案只有一个。

张立飞：实际上没有绝对正确的答案。实际上那些演绎出来的东西，我们现在看来，那都是一个给你做练习的而已。

颜晓川：那属于形式上的绝对正确，但是放到真实世界里来就……

张立飞：真实世界不是那样，真实世界是复杂的，因此就有不确定性。

颜晓川：所以很多应试出来的学生就……

张立飞：他就进不去，一直进不去。所以就不安心，到了我们（地质学）这来，就想转系到别的学校，别的专业去。

我们可以看到，当前中学的考试体系，对于学生思维的灵活性以及处理模糊性问题（条件不全、信息不完整的问题）的能力几乎没有锻炼。相反，当前中学较为依赖的是具有标准答案的考试制度，而标准答案的确定性❷和唯一性，让学生越学越丧失了对复杂系统、不确定的事物和模糊性问题的思考能力。而在张立飞院长看来，真实世界的绝大部分问题，反而是后者。他认为，地质学的问题，以及真实世界的大多数问题，都不是中学应试模式下的"简单物理问题"或"简单化学问题"。

所以，从这一点上，我们能看到，标准化考试的分数，并不能作为各学科，特别是复杂学科人才选拔的主要标准。因为，各学科拔尖创新人才成才所需的能力要素，在很多情况下甚至是与标准化考试培养和筛选出来的能力相互矛盾的。

❶ 不止是在自然科学领域，我们在人文学科领域，例如历史学的学科调研中，也普遍观察到这种"倒挂"的现象。

❷ 为了让一个标准答案成为确定的正确答案，考试的题目必须提供完整的条件，而这是对学生解决"真实世界"的问题的能力的一种损害。

13. 复杂叠加

我们在上一小节里讨论到了，地质学的研究对象是真实世界的现象，而真实世界的现象，往往比实验室里人工合成的产物更为复杂，同时也受到更多因素的影响和制约。地质学的研究对象的复杂性，导致了地质学的研究过程和结论的不确定性。而正是这种对于复杂问题，对于不确定性过程的把握，是常规的考试制度培养出来的学生的一大短板。

除了地质学以外，大的地球科学（地学）范畴内的其他学科，例如地理学、大气科学、海洋科学等，都具有这样的复杂性和不确定性。这些学科都属于复杂学科。而地球科学的发展方向是，将这些本就相对复杂，不确定性相对较高的学科相互叠加综合，最后形成一个更高维度的，更复杂的，拥有更多的不确定性因素的领域。而这对于我们上一小节提出的处理复杂性、不确定性、条件和信息不完整的问题的能力，产生了更大的需求。

颜晓川：地质学有哪些变化？

张立飞：地球科学发展到今天，越来越走向集成，我们研究的是一个地球，对吧？我们要研究地球整体是怎么演化的，所以现在提得更多的，叫作地球系统科学。

颜晓川：是英文的“Earth Science”？

张立飞：“Earth System Science”，地球系统科学。你知道，我们的地球分几个层圈，是吧？地球内部，我们从地表往下，有岩石圈。岩石圈再往下就是地幔、地核。然后岩石圈往上，那就是大气圈、水圈、生命圈。大气圈再往上的就是外空间。外空间是没有重力场，但是地球磁场能影响到的。然后，地球磁场都影响不到的，就是宇宙了。所以地球又分成这么多圈层。以前我们针对不同圈层都有不同的学科在做工作。现在的进一步发展就是要把这些圈层整合起来，系统地来考虑问题，因为我们研究的是一个地球，我们不能光考虑大气，我们也不能光考虑岩石圈，我们要把它们结合起来。

颜晓川：有例子吗?

张立飞：比如气候的演化，可能就跟岩石圈的过程有关。很简单的例子就是青藏高原。青藏高原隆起了以后，整个亚太的气候就发生了变化，这就是岩石圈作用到大气圈的例子，所以这就是层圈之间的作用过程。这样的话，就需要一个更高层次的看问题的能力。

颜晓川：就是传统上地质学研究的这一块，和地球物理的那一块，还有传统上大气科学、空间科学的这一块，我们要把这些各种方面都拿到一起来考虑问题，才能比较全面地理解来龙去脉?

张立飞：这是一个发展的走向，一个趋势。大家之间互相的交流渗透。包括地球物理，它地球物理必须要结合地质学。否则它就光看地震波的话，他不知道里头的岩石是什么组成的，不知道是什么样的岩石，不知道什么样的矿物才会有那个波段，是吧？它必须要拿地质学的岩石去做实验，看它传上来的波和做的波是不是一样。这样它才能知道地球内部是什么组成的，是什么样子的。所以地球物理也好，地质学也好，地理学也好，大气科学也好，肯定都要互相的综合，互相的渗透，走向一个地球。

颜晓川：您刚才说，青藏高原隆起之后，对气候的影响是因为空气流动被阻？

张立飞：对，青藏高原隆起来以后，我们西部就变成了沙漠了。

颜晓川：它隆起之后才变成沙漠的？

张立飞：对。是之后才变成沙漠的。以前不是沙漠，是温湿的环境。就是因为它隆升了以后，把印度洋的暖湿气流给割断了，就形成了塔里木。

颜晓川：然后降雨就少了。

张立飞：对啊。所以就形成了塔里木的这样一些沼泽地，一个干旱地带，这个盆地就出来了。所以这就是地貌学。这就是一个地质学作用于地貌，然后通过地貌来影响气候环境的变迁的例子。

张立飞院长这里举出的青藏高原的例子，就体现了地球各“层圈”之间的密切关联和相互影响。板块运动机制（地质学）作用于地球表面的地貌（地理学），而地貌的变化又影响暖湿气流的通路（大气科学），而这又影响到了一个地区的生态环境的变化（生态学）。这里涉及的每一个学科（地质学、地理学、大气科学、生态学）本身都是复杂学科，对于学生处理复杂性、不确定性、不完整性问题的能力要求已经较高。而整个地球科学发展的方向，则是在这一个特征上进一步强化，所以对学生的此项能力的要求只会增加。

14. 工作环境

我们在前面的讨论中，主要集中于知识结构、思维模式和价值取向等心智的方面。然而，我们在调研中也发现，各学科的拔尖创新人才的形成所需的要素，除了包括心智方面与学科之间的适配外，还包括行为模式方面与学科的适配。而在地质学领域，行为模式的适配尤为重要，因为地质学本身就是一个有着独特的行为模式（野外工作）的学科。

颜晓川：您总体上觉得地质学它最吸引人的地方是？

张立飞：吸引人的地方很多，但是我觉得它最吸引人的地方，就是它有野外。它是把室内和室外，把脑力劳动和体质劳动结合得最好的学科。老百姓说旅游，说游山玩水。游山玩水不就是地学嘛？最早我们说徐霞客，他不就是地学家的典范吗？现在地理学也是这样，离不开自然，这就是它的特色，也是它最吸引人的地方。

颜晓川：做地质学的人，经常需要出野外？

张立飞：我们经常出野外。搞地质的人首先得要能够出得了野外，出不了野外，就不是地质学。它跟其他学科最大的不同，就是它研究的是野外。是，它有实验室，它只要把样品拿回来以后，其他的都（和化学）一样，但是你野外这块是不能缺的。所以我这么多年，一直在中国的西部。新疆的天山、甘肃的祁连山、青藏高原我都待过。

颜晓川：所以野外工作是地质学领域的本职工作？

张立飞：所以你搞地质，就得有这样一个心理准备。我们去爬山是职业的，不像其他人是在搞户外运动。别人是为了旅游，但我们是工作。这是不一样的。我相信越来越多的人会喜欢地质，因为它确实是一个离自然最近的学科。自然科学发展到今天，所谓的自然科学，例如数学、物理、化学，都没有地质学离得那么近。再有，生物里头的搞动植物分类的那一部分，也是跟自然界比较接近的，而搞高分子生物学的都不搞自然了。所以真正的自然科学里头，就剩地质学了。

颜晓川：野外工作对学生有什么要求？

张立飞：学生要愿意。实际上我们招的学生，出野外都是很愿意的。我们住帐篷，要带自己的东西，在山上要住上至少 10 天，然后再出来缓冲一下，再进去。

颜晓川：就补充一下物资？

张立飞：然后再进去，再出来。在野外我们都露营，自己做饭，所有的干粮都带着。

颜晓川：你们会打猎物吗？

张立飞：现在不允许打猎物。我们主要是带一些当地的食物。我们在天山里头，风景非常美，都是原始森林，没有人烟。我们几乎都在无人区。所以，我们的水源很多，因为天山顶上的雪很多，雪线是在 3000 米左右。环境也非常美，这样我们主要带的就是一些干粮，一些方便用品。我们这几年都是带一些煤油炉、煤气炉。不用去自己生火。再带点锅碗瓢盆就可以烧饭了。这样子我觉得很好的，我们的学生都是很喜欢的，都是非常愿意的。

从这一小节的调研实录中，我们可以看出，地质学除了对学生的特定的思维、心智和观念有需求，还对学生的行为倾向有偏好。而一个人的行为倾向的体现，就是对于某一类行为的“意愿”。例如，地质学对野外工作有较大的需求，因此需要具有一定户外行为倾向的学生。而有这样的行为倾向的学生，其表征之一就是他们对野外工作有较高的意愿。就如张立飞院长所说的，“没有野外，就不是地质学”，“你首先得要出得了野外”，野外倾向和能力是进入地质学的必要条件。

颜晓川：地质学的这一特质，对于学生的一些个人特质和倾向是有要求的？

张立飞：对，我们需要喜欢自然的学生。一定要是喜欢自然的学生。因为我们的工作离不开自然，你不喜欢自然，不喜欢风吹日晒，这个事你就做不好。这是地质学的一个要求。

颜晓川：很多事情在实验室里是没法做的？

张立飞：对，你在室内没法做。我们的实验室就是造山带，就是在山里头，你不到那去看，怎么能做出来呢，对吧？

实际上，不只是地质学，对于任何学科而言，如果一个学生的行为倾向和他所选择的学科的行为需求不适配，甚至是相反的，那他就较难在这个学科中成才。我们在对地学类专业中学业困难，转学甚至被劝退的学生的调研中发现，地质学专业里出现问题的学生，很大一部分是因为在野外性这一行为倾向上与学科缺乏适配度。例如我们调研的一名学生，从本人到父母，都对野外工作存有严重的、根深蒂固的鄙视，认为是“乡下人”“下等人”才会出去“把衣服弄脏”。她甚至认同她妈妈跟她说的“不要跟你周围那群脏兮兮的同学接触，沾染上她们的气质你以后嫁不出去的”。所以这个同学虽然在地学类专业，但是几乎不参加任何的野外活动。这导致她不仅成绩很差，而且她在院系里很难获取到任何发展的资源，辅导员有实习机会，都不敢推荐她出去。

那么，这些明显与学科的特征不适配的学生，是为何会进入这些专业，由此耽误自己的发展的呢？原因还在于，传统的基于高考分数的选拔制度基本没有涉及这一维度的考核和甄别，因此学生对于自身的学业规划（专业选择）更多依靠分数线的对标（哪个学科的录取分数线和自身的实际或预估的分数最接近）。而这样的决策过程，忽略了学科特质这一最为关键的因素，因此往往造成学科失配，严重影响自身的发展。同时，基于标准化考试的录取选拔模式，不止捆绑了学生，同时使得高校也无法选拔出真正优秀的人才。就如张立飞院长在前面的小节里指出的，高校被传统的选拔制度捆绑，只能录取高分的学生，无法录取真正有潜力在其学科里成为拔尖创新人才的学生。这也是中国拔尖创新人才培养体系里一直较为突出的问题。当然，综合评价选拔制度的落实，会缓解这个问题。

15. 应用方向

学科与学生的适配维度中，还有一项是个人的发展规划与学科的发展方向之间的适配。在这一小节中，我们与张立飞院长探讨地质学的主要的应用与发展。如果一个学生自身的发展规划与学科的方向相适配，则更有可能进入且深入这个领域，最终成才的可能性也就更高。

就地质学而言，张立飞院长认为该学科具有“基础性”和“应用性”的双重特征。例如，在对数学学科进行调研时，我们访谈的大部分学者都认为，数学家不应该关注其研究的直接应用价值，他们普遍认为，从应用价值的角度来选题，对于数学来说，是本末倒置的。相反，地质学虽然也作为基础学科，其应用性就更为显著。

张立飞：地质学是一个非常基础的学科，因为我们要了解几十亿年前的事。比如地球是怎么形成的。但是，地质学又有强大、广泛的应用性，这是其他基础学科没法比的。你其他基础学科可能就是基础，其他应用学科可能就是应用，而地质学在基础和应用两个方面结合得非常好。

颜晓川：地质学主要的应用与发展的领域在哪些地方？

张立飞：首先，因为人类的发展离不开资源。我们生活在地球上，我们首先想到的，还是地球给我们提供的资源，无论以后到了什么时代，肯定离不开这一点，离开这一点，人类就很难在地球上生存。所以地质学出身的温家宝前总理有一句话：只要人类生活在地球上，我们对地球的研究，对地球的探索就不会停止。我们只有对地球进行研究，才能够索取资源。

同时，只有对地球进行研究，才能把我们的家园建设得更美好，才能避开灾害。所以，地质学的另一个方面的应用，就是环境灾害。像汶川地震以后，有很多泥石流和滑坡，我看到的滑坡就有40多人遇难。地质学里专门有一个分支，叫地质灾害与环境。

颜晓川：这个分支研究比如岩石有多稳定？

张立飞：对，它研究造山带。一个山体的风化过程，或者说它不断隆升、攀升的过程中，什么时候开始滑坡，如果遇到大的雨水，是不是能形成泥石流。这就是地质灾害。自然资源部一半的人都在做这方面工作，考察一个地区的危险到了什么程度。

从上面的讨论中，我们可以看到，地质学作为自带显性应用价值的基础学科，其应用的方向大致包含资源、灾害与环境三个方面。那么，如果学生自身的发展规划（包含家庭的期望和可用资源的方向）与学科的应用方向相适配，则学生更有可能进入并且深入这个学科，最终成才的概率也更高。在下面一个小节，我们就与张立飞院长讨论了地质学能为学生提供哪些具体的发展平台和方向。

16. 个人规划

颜晓川：地质学能够为其毕业生提供什么方向的发展机会？

张立飞：地质学的毕业生主要的发展方向，一方面就是前面说的能源需求。资源矿都是地质学的范畴。金矿也好，铜矿也好，都是。我们国家现在最需要的是铜矿。铜矿寄存在什么里面？寄存在岩石里。所以，要搞懂铜矿，你首先得学会岩石。所以你不学地质学，你怎么知道矿是怎么形成的？它藏在什么地方？

颜晓川：中石油、中石化这些都需要地质学？

张立飞：都是。这些所有的跟矿产资源有关的企业都是。而且跟矿产资源有关的企业，都是大的企业。这些企业所需要的专门人才，就和地质学最有关系。另一方面，我们国家现在所有的资源都不够用。我们搞地质的就知道，所有的资源都是短缺的。所以我们国家的领导人最着急的就是要赶紧拓宽市场。以前的战略是到国外去买；但是，只要你中国一买，这物价就翻好多倍。

颜晓川：因为中国的购买量太大了？

张立飞：对，需求量太大了。但是因为你要保持发展，所以说要多少钱，你都得买。所以澳大利亚的铁矿不就是翻了好几百倍，还在往上翻。后来我们国家的战略就是走出去，一方面我们在国内要寻找矿产资源，只要我们国内找得到矿，那么它的价格就不会上去，因为你要价太高的话，我们就自己开了。他知道你有砝码的。但是，你要是没有，那他的价格就可以无限地涨，因为你需要在他那里买。

颜晓川：发现了国内的矿，就可替代了。

张立飞：我们发现了，也不一定开，但是我们在谈判上就有筹码了，你不卖给我，我就自己开。实际上就这么简单的事。我们现在自然资源部的一个战略，就是走出去，我们到国外，我不买你矿，我是把你的整个矿山都买下来，然后我们来开。我们在澳大利亚，在非洲，在南美都是这样的，因为你中国要再维持发展，你得需要多少资源？所以你必须走出去。

颜晓川：除了资源方向的产业外，地质学还给学生提供哪些方向的平台和竞争优势？

张立飞：还有的地方就是环境方面。环境的问题主要就是地球的环境问题。所以地质学在这里面很重要。对于环境问题，很多普通人了解的只是污染，比如北京的灰霾这么大。这是最简单的污染的过程。但是，环境的演化也是有规律的，而要探讨这些规律，肯定就需要地学的人。

颜晓川：地质的过程对环境和气候都有直接的制约作用？

张立飞：是这样的。塔里木原来是温湿的环境，可能人类就在那里生存了。我们的楼兰古国原来就在那，但后来不得不迁出来了，最后还是灭亡了。

颜晓川：然后关于灾害，我听说大的工程项目都需要考虑它们在地质环境上的影响，以规避其可能引发的灾害？

张立飞：肯定是这样的，因为自然的发展过程是有规律可循的。人类要改变自然，肯定是要付出代价的，至少你要付出一个调整的过程。比如我们三峡大坝建起来后，各方面都取得了很好的效果。但是整个生态环境发生了变化。而这样的生态变化的后果，不是说一两天就能看得到的，而是需要一个漫长的过程才能体现出来的。所以有些人前段时间提出来什么汶川地震是由水库影响的。这些都不一定有很多的证据，但至少作为任何工程来讲，我们改变自然，就必须要遵守自然的规律，那才能够让它的反作用尽量小。

由于地质学的学科特质，使得它能够为学生在资源、灾害和环境方向的发展带来竞争优势。当然，作为基础学科，地质学的用武之地比这里提到的这些主流的去向更为广泛，学生可以把地质学的框架、能力和价值体系运用在更多的领域之中。但是，不管是什么样的个人发展规划，都需要能与地质学本身的特质适配，能够运用并发挥出地质学的价值。如果个人的规划和方向，与所报考的学科的适配度很弱（例如只是因为录取分数线的原因盲目选择了专业），则较难萌发出深层次的、持久的学习的动力，自然也更难成为该领域的人才。

正因如此，高校在人才选拔，特别是拔尖创新人才的选拔过程中，学生自身的发展规划，甚至是其家庭和社区对其发展的资源支持的方向，都是可以考虑的因素。因为这些要素和其报考学科特质的适配程度，在很大程度上决定着学生的发展潜力和成才概率。

17. 学科工作

除了前面所说的围绕资源、灾害和环境等地质学的主要应用方向的工作外，还有围绕地质学本身展开的工作，也需要较多的人才进入。这种围绕学科本身展开的工作，我们称之为“学科工作”。那么，与地质学有关的两类重要的学科工作，分别是科普与科研。实际上，这两者具有相关性。比如，要构建高质量的科研队伍，就需要有大量的拔尖创新人才。而要培养出大量的拔尖创新人才，学科首先就需要有一定的人口“基数”。这个人口“基数”的构建，又依赖于整个社会对这一学科的认知和关注；而社会对于学科的认知和关注，自然就与学科的科普工作的成效有关。

张立飞：我们国家还是发展中国家。现在虽然经济上来了一些，但是有的方面还较落后，尤其是科普方面，我们做得不够，对我们整个国民的地学的普及教育非常弱，几乎是没有。你也知道，中学生都不了解我们，那普通老百姓就更少有了解的。整个社会不知道地学是怎么回事。所以这方面特别需要加强。

颜晓川：科普是很重要的一个方面。那另外一方面，地质学的科研工作对学生有什么要求？

张立飞：要做地质学的科研的话，最重要的是兴趣。有且保持一个探索的、好奇的心态是关键。他必须要好奇，好奇是科学的第一推动力、原始推动力；要是不好奇的话，所有的基础学科，你都没法再往里头做。实际上科学的研究工作，很多都是很枯燥的，我们叫“坐冷板凳”。如果没有足够的好奇心，你就没有做科学研究的最初始、最原始的动力。

颜晓川：就地质学而言，学生需要好奇比如这个石头是怎么形成的，对吧？

张立飞：就这样的问题，你好奇后，你就会去探索它。

颜晓川：比如有哪些问题？

张立飞：我们之前做过一个项目，就是一套书，里面有一万个科学难题，这套书里的《地球科学卷》里的“地质学”章节是我写的。

颜晓川：比如什么样的具体问题呢？

张立飞：比如超高压变质作用（产生榴辉岩的机制）。

颜晓川：你们会在实验室里面去模拟这种环境？

张立飞：不是。超高压变质作用是自然界里的造山带的一个形成过程，就是在板块俯冲最深的地方形成的环境。我做的就是欧洲的阿尔卑斯山、中国的天山、中国的喜马拉雅山。这些地方都是造山带，都是板块俯冲的地方。

颜晓川：这里面还有未解之谜？

张立飞：比如，板块俯冲下去形成的岩石，是怎么上来的？现在大家都认识到了板块俯冲下去的过程。因为只有俯冲下去，才会（形成）这样的温度和压力的条件，才能形成这样的岩石。但是它怎么抬升上来的？在抬升的过程中，又发生了哪些变化？这个是现在大家正在研究的。

颜晓川：大家有一些假设，但是还不确定，证据还不完整？

张立飞：对。

颜晓川：所以，在地质学里要做出好的创新成果，需要什么？

张立飞：第一步是好奇，第二步就是做事要认真。你好奇之后，还得要认真去做。第三步是要去深度思索，用脑子去思索，而不是说跟在别人后边。别人这么说，你就跟着做，只能算是“照葫芦画瓢”。

当然，学生对于地质学的好奇，属于心智层面的要求，其具体体现就是我们在前面拆解出来的子维度“地质对象”（第六小节）和“对象视角”（第七小节）。第二点，在地质学里“认真做事”的能力，以及“用脑子深度思考”地质学问题的能力，是一个较为复杂的能力组合。我们在前面已经将这个能力组合拆解为更方便识别、考核和选拔的子维度，例如具有数理化生的知识基础（第四小节），以及更为高阶的思考复杂性、模糊性问题的能力（第十二小节）等。

而恰好是这些与学科拔尖创新人才最为相关的个人特质和能力，较难在传统的标准化考试（高考）体系里进行识别和筛选。这也是为什么张立飞院长会在访谈最开始时就直接指出，当前他们学院在人才选拔中遇到的最大困难，就是在统一的标准化考试（高考）这一失效的选拔模式的束缚下，学院很难根据地质学对拔尖创新人才真正所需要的特质和能力来录取学生。

PSYCHOLOGY

第八章

心理学拔尖创新人才

调研实录

周仁来

周仁来，南京大学心理学系教授、系主任。曾任北京师范大学心理学院副院长、认知神经科学与学习国家重点实验室教授、心理学基础实验教学国家级示范中心主任、应用实验心理北京市重点实验室主任、情绪调节中心主任。南京大学“登峰人才支持计划”A层次学者。江苏省哲学与社会科学重点基地（社会与行为科学实验中心）主任。迄今，在国内外核心学术刊物发表学术论文约250余篇。其中SCI、SSCI索引论文100余篇。出版著作、译著、教材等10多部。获批软件著作权和专利多项。江苏省心理学会副理事长，中国心理学会理事，中国民族卫生协会心理健康分会第一届理事会常务理事等。教育部高等学校心理学类专业教学指导委员会委员。

调研过程与议题

调研过程与议题

在教育部的《全国高校学科评估》中，北京师范大学在心理学领域排名全国第一名。因此，我们将北京师范大学的心理学院作为我们心理学拔尖创新人才调研的国内选址。除了国内的选址外，我们还对美国哈佛大学的心理学系和斯坦福大学的心理学系进行了心理学拔尖创新人才的调研。哈佛大学和斯坦福大学在心理学领域分别排名世界第一名和世界第二名❶。

在对北京师范大学心理学院进行的学科调研中，我们对包括时任其副院长的周仁来教授❷在内的十余位师生进行了学科访谈。在公众认知中，心理学的学科特质和定位较有争议。在我们的调研中，周仁来教授指出了，心理学的主体性质应属于“实证科学”，这也印证了中国教育部对心理学的学科分类的决策：将心理学划分在“理学”大类里，作为理学门类的第十一号学科。因此，我们也决定将对心理学的周仁来教授的调研实录放入本书中。

首先，周仁来教授对心理学的性质进行了界定，称其为一门“实证科学”（第一小节）。而作为一门实证科学，心理学对学生的“实证思维”有一定的要求（第二小节）。虽然和物理、化学、生物一样是实证科学，但是心理学有其自身的独特性：人本关注（第三小节）。正是因为心理学的“人本关注”，使得其在传统的实证自然科学（物理、化学、生物等）之外，具有明显的“文理贯穿”的特征（第四小节）。由于心理学的“人本关注”和随之而来的部分“人文性质”，使得其本身的概念体系具有许多传统的实证自然科学所不具有的柔性和主观性（第五小节）。而这种柔性和主观性，使得学生需要具有一定的“柔性思维”，才能更好地应对心理学的学习与研究工作（第六小节）。

由于心理学不止具有自然科学的特征，与其交融的学科不止有自然科学，还有社会科学。在社会科学中，社会学、民族学等都关注人，因此都具有“人本关注”。但是，心理学与这些主要关注群体特征，主要以群体为基本分析单位[3]的学科不同，心理学主要以个体为基本分析单位（包括社会心理学[4]），这使得心理学的应用方向多为个体特征的分析与对比，例如人格测试、能力测试等（第七小节）。因此，学生对人的个体性是否关注，有兴趣和具有敏感性，是其适合学习心理学还是社会学、民族学、人类学等其他相关学科的一个辨识、评价和选拔的维度（第八小节）。

除了社会科学外，还有人文学科也同样关注人，也具有

"人本关注"的特征。但是，心理学作为一门实证科学，其学科特质、人才需求和选拔标准也与人文类学科有一定差异。首先，心理学需要学生具有较强的对事实规律的观察和提炼能力（第九小节），这种"关联性"或"规律性"思维，是为后面的"机理性"或"原理性"思维（第十小节）做出铺垫。只有通过较强的"关联性思维（correlational thinking）"和"原理性思维（causational thinking）"，学生才有可能从表面的现象中看到规律和成因。因此，这两项思维能力，是心理学拔尖创新人才形成的必须要素。

当然，就如我们前面所提到的，心理学的学科特质，与传统的实证自然科学有所不同。心理学所具有的人本关注、人文性质，导致其理论基础和概念框架比传统的实证自然科学更为"柔性"，因此，要在相对更柔性的地板上站稳，并在这个柔性的地板上搭建规律和原理的科学大厦，相比于在较为硬质的地板上完成同样的工作更具有挑战性（第六小节）。除此之外，在理学的范畴当中，相比于更为"小众"的学科，例如地质学、大气科学等，心理学更具有"显学"的特质。同时，相比于更为基础的数学、物理等，心理学更具有直接应用和干预社会的潜力。因此，学生是否具有将理论和现实相结合的能力（第十一小节），是其是否具有成为心理学拔尖创新人才的要素之一。

最后，周仁来教授指出了心理学未来的发展方向：朝更为实证，更为自然科学的方向发展，特别是与大脑神经科学在知识结构、研究范式和技术设备等多个层面的结合（第十二小节）。这个发展趋势，已经成为整个心理学学科的主要投入（经费）和产出（发表）的方向。因此，学生在此特质上是否与心理学相契合，是其在未来是否有潜力成为心理学拔尖创新人才的一个重要因素。虽然心理学在朝着更为实证、更为自然科学的范式发展，但是其知识体系本身并未具有物理学等更为基础的自然科学那样的金字塔型的前置要求结构，因此学生构建能读懂心理学的前沿科研所需的知识结构的难度更低，因此在心理学中，高中生和本科生做出真正科研的可能性比在传统的自然科学（例如物理学）里更大（第十三小节）。当然，这个难度的相对较低，只是在前置（prerequisite）的知识积累的层面。而和所有的科研工作一样，兴趣、主观能动性、独立思考能力等，对于心理学的科研工作也是必不可少的（第十四小节）。

❶ 根据《QS 世界大学排名》的心理学学科排名。

❷ 现任南京大学心理学系教授、系主任。

❸ 社会学和人类学更多的以群体为基本分析单位，比如，社会学会关注城市人和农村人之间有哪些生活条件上的差异；民族学会关注比如维吾尔族和回族有哪些习俗上的差异等。

❹ 这也是社会心理学和社会学的核心的思维和范式的差异。

1. 实证科学

在我们的调研中，周仁来教授首先提到了心理学作为一门实证科学的学科特质。由于心理学在中国发展得比较晚，最初的心理学专业，一般都设在教育学院系。因此，早期就读心理学专业的学生，多数是在教育学院系。周仁来教授也不例外。虽然心理学和教育学在诸多方面有共性，但是它们之间也有一定的差异。在与教育学进行对比时，周仁来教授强调了心理学更“有点技术”，“有点实质性的内容”。这两个对心理学的描述，体现了其相较于教育学更强的实证性特征。

周仁来：我读大学的时候，全国真正有心理系的，只有4个院校。其他大学的都不叫心理系，而是叫教育学系。心理专业当时一般是在教育学系，所以我们上大学后，是到的教育学系，学的是心理学专业。我当时只知道教育学，并不知道心理学，只不过我上了大学之后发现，教育学系里上的课里面，有点技术的，有点趣味的，还是在心理学这一块。读了之后才发现，相比于教育学，心理学更有点实质性的内容，所以我就对心理学开始产生一点点兴趣了。

正是由于心理学的这种“有点技术”和“有点实质性内容”的性质，其对本科生的人才需求与选拔标准也包含这种“技术”的知识和能力。大众对心理学的认知偏向于认为其是一门“文科”，而实际上，心理学对这种“技术”性质的能力要求较高。

颜晓川：我看一些心理学排名靠前的大学，比如北师大、北大，虽然这些学校都是综合性大学，但是它们的心理学专业偏向于招理科生，而不是文科生？

周仁来：现在我们北师大心理学专业是这样的，它招的是理科的学生。

颜晓川：为什么呢？

周仁来：因为它有几个课程，如果你在高中没有基础，那到大学来以后，要学好会比较难。

颜晓川：比如呢？

周仁来：一个就是统计学——心理统计。因为心理学是实证科学，所以它必须要做实验。而要做实验，它就一定要涉及数据的分析。第二就是要有实验设计的能力。心理学对这方面能力的要求，与其他的理工科的要求是一样的。心理学需要用实验、实证的方法来进行研究。第三，心理学的实验还要用到一些设备、技术、方法。

颜晓川：设备、技术、方法？

周仁来：现在比较有代表性的设备是fMRI，功能性核磁共振；ERP，Event Related Potential，事件相关电位。还有比如MEG，脑磁图；Eye Tracking，眼动；

Electrophysiology，电生理记录。这些是高端设备。另外还有要用一些科学方法，我们叫作 Paradigm，范式。还有一些专用的心理学实验的设计软件。

所以我们需要学生能做研究设计，能掌握实验技术，能进行数据分析；还要懂人体解剖、生理学、神经科学。这些肯定都是理科的了。虽然有的学校也是招文科生的，因为这些学校偏理科的课程相对比较少一些，但是比如《实验心理》和《心理统计》，不管你是偏文还是偏理的，你都必须教！所以像北师大，历来就是招理科的学生。

心理学学科作为实证科学的人才需求，不止在本科生的选拔的过程中有所体现，在对研究生的选拔中同样有所体现。周仁来院长指出了心理学学科研究生录取的学生的本科专业的多样性。而他直言，他自己的研究最需要的是本科专业为理工科的学生。

颜晓川：你们心理学的硕士生招生主要也是本科读心理的？

周仁来：硕士生跨学科的挺多，心理学每年录取的硕士生有很大比例，甚至高到超过一半的比例，都是跨专业来的。

颜晓川：既然专业没有硬性要求，那心理学的硕士生的选拔，院系主要看重哪些条件或素质？

周仁来：一般来说，你本科有心理学的基础当然是好。同时，我们也喜欢那些理工科的，比如说学计算机的、医学的、生物的，因为这些和我们做的研究的基础工作的关联度非常大。

这里，周仁来教授从心理学的学科性质出发，来解释为什么多数心理学专业的院系倾向于招收偏理科的学生。实际上，在中国教育部的《本科专业目录》里，心理学也是被划分到“理学”大类。因此，社会上对心理学的一些普遍认知，例如认为心理学只有偏文科的内容，是不准确的。而这种不准确的认知，往往会对学生的学业规划产生误导。我们对北师大本科生的调研显示，有超过一半的心理学专业的本科生，其实都受到了这个误导。这导致他们在学业发展的道路上并不顺利。所以，这种由对学科特质的误解而造成的学业规划的决策失误，最终也让心理学专业的拔尖创新人才的培养受到阻碍。

2. 实证思维

我们前面讨论了心理学作为一门实证科学对学生的知识和技能的需求。然而，实证性并非仅仅体现在具体的知识或技能中，它更是人们的一种基本的思维模式。具有“实证性思维模式”的学生看待问题，看待世界，会有一套基于实证原则的判断能力。周仁来院长这里就举出脑白金广告的例子，来解释一个具有实证性思维的人，看到这样的广告，应该会有哪些基本的思考。

颜晓川：什么是实证性思维？能举个例子吗？

周仁来：你听说过脑白金吗？看过脑白金的广告吗？

颜晓川：我看过，以前到处都有。

周仁来：大家吃脑白金的目的是什么？脑白金目标群体包括中学生。说是吃了能提高成绩。怎么提高成绩？它（广告）说脑白金能够增强注意力，增强记忆力。你考试是不是很多时候是靠记忆？所以，提高记忆力就能提高成绩。

如果你有实证性的思维，你就会去想，脑白金是不是真的可以增强你的记忆力？脑白金广告宣传说，它有这效果。那么，你如何判断它广告里的结论是不是对的？你可以自己去做实验。比如你吃三个月，然后看自己的成绩是不是提高了。这就是一个实验的设计了。你觉得这样可以吗？

颜晓川：这样它没有对比。

周仁来：好，既然你说没有对比，那我加一个对比：我吃你不吃，然后过三个月，我比你成绩高了，就说明它有效？

颜晓川：不一定，因为可能有其他因素影响。

周仁来：当然。比如说你天天按时吃水果喝牛奶，能不能也起到这个效果？还有就是，我给你吃的东西，不一定真的是脑白金，但是你吃了也有效果。

颜晓川：心理作用的效果？

周仁来：对。我给你吃的东西，我告诉你这是脑白金，但其实什么都不是，只是淀粉。

颜晓川：所以有可能只是心理作用而产生的效果。

周仁来：对。所以，三个不同的实验设计，证明的结果是不一样的。

颜晓川：这些思维和理念对于心理学很重要？

周仁来：实证科学其实就是一些理念。而心理学是一门实证科学。

从上面的案例中，我们大致可以总结出，实证性思维模式包含两个基本理念，第一个是一切结论都需要有事实基础这一价值取向。具有这一价值取向的人，如果遇到没有事实基础的结论，会本能性地对其进行质疑。就像周仁来教授所说："脑白金广告宣传说，它有这效果。那么，你如何判断它广告里的结论是不是对的？你可以自己去做实验。"这个"做实验"的过程，其实就是去补足这个结论（脑白金有效）的事实基础。实证性思维越强的人，越关注事实基础。

实证性思维的第二个关键理念，是从一个事实基础推出一个结论，需要有合理的假设和严格的逻辑。在前述案例中，我和周仁来教授讨论到的"没有对比""有其他因素影响""心理作用（安慰剂效应）"等，都是假设不合理，或者逻辑不严密的例子。具有较强实证性思维的人，哪怕没有接受过专业的实验设计的训练，也会对这样的逻辑断层有一定的敏感性。这种源自一个人本身的思维特质的敏感性，也是决定他是否最终能在包括心理学在内的实证科学里成为拔尖创新人才的一个基础条件。关于实证性思维的更进一步的探讨，我们会在后面的《规律思维》和《原理思维》中进一步展开。

3. 人本关注

在前面的小节中，周仁来教授指出，心理学是一门实证科学，运用到很多科学的方法、理念和设备。但是，这并非心理学的全部特质。在实证性的学科，例如物理学、化学、生物学、心理学等中，心理学还具有其自身的独特性。这其中的一点，就是心理学的人本关注。

颜晓川：相比于其他实证科学，心理学有哪些特点和需求？

周仁来：我有个小故事。原来我们心理学院有一个教授，他在给全校的学生上心理学的公共课的时候，发现他们班级里有一个本来是生物学专业的本科生。他觉得这个学生非常聪明。他就想，要是这个学生将来读心理学，那该多好。

颜晓川：除了聪明以外，这个教授为什么会希望这个学生读心理学呢？

周仁来：因为心理学很大程度上，是需要生物学做基础的，所以我们也学神经解剖，也学大脑神经系统，还要学人体生理解剖等。所以如果一个学生的生物学的底子比较好，学心理学就比较有根基，所以这个教授就看上了这个学生。接下来，这个教授就把这个学生叫来，跟他说：你想不想读心理学研究生，你要读的话，你毕业时候我就招你了。然后学生问：那你说读心理学有什么好处？教授说：你看这个世界上最难的事是什么？学生也没说话。教授说：你看生物学是干什么的？生物学是玩动物、玩植物的。但是，你知道心理学是玩什么的吗？心理学是玩人的！你说玩动物有意思还是玩人有意思？所以孩子听了之后觉得，确实是，你说的有道理。行，我跟你学了。

颜晓川：心理学关注人的层面的问题。

周仁来：对。人的问题，是宇宙之间的三大奥秘之一。这三大奥秘是天、地、人。首先，宇宙是怎么形成的？这是天。我们有天文学、物理学在做。第二就是咱们地球上的生命是怎么演化的？这是地。我们有地球科学、生命科学在做。第三就是人。比如你知道你是谁吗？这三大奥秘中的前两个，虽然我们离完全了解还有很长的路，但是已经有挺系统化的研究了，比如物理、天文。关于地球上的生命的研究，现在也进展非常之大了。标志性的，比如克隆人技术、干细胞再造技术，发展也非常大。但是最后，关于以人为主的思维和意识，我们的理解就差太远了。所以这三大奥秘，前两个都很成系统了，但第三个就非常少。

这里，周仁来教授通过一个老教授招生的故事，首先指出了心理学和生命科学的关联。但是同时，他更强调了两者的差异。这个差异在它后面举出的“宇宙之间的三大奥秘”中也有体现。虽然人类是生命体的一部分，但是他并未将“人”的问题归为单纯的“生命”的问题。他认为，研究地球上生命演化的学科，例如地质学、生态学等，都是对基础的生命现象（例如基因、克隆、干细胞等）的研究。而具有“以人为主”特点的研究领域，例如研究人的“思维和意识”的心理学，则是属于另外一个领域的。

4. 文理贯穿

我们在前面的小节里提到了，心理学是一门实证科学，中国教育部也将心理学归为“理学”的一部分。但是，我们前面也提到了，心理学和其他的自然科学（例如物理、化学、生物等）也有不同：心理学是“以人为主”的。而心理学的这一特点，导致它具有多重的身份和定位。实际上，心理学的学科分类并不统一。在西方，有的大学将心理学划分为理学，有的大学将它划分为社科，甚至有的大学将其放在人文学院。而这样的不统一，正是由于心理学本身的性质具有多面性。

颜晓川：心理学在不同的大学所属的类别有差异?

周仁来：咱们中国的学科分类大致是按照理、工、农、医、艺术、人文、社会。这些是基本的学科划分。这样一分，大家就比较清楚了。文史哲很容易知道是什么，对吧？艺术、传媒你也知道是干什么的，是吧？理、工、农、医你也知道。但是就是心理学这块，大家就不是那么清楚。

颜晓川：我看有些学校分在这里，有些学校分在那里。

周仁来：比如你们 MIT，它的心理学在脑认知系，而脑认知系是在科学学院里。有些学校的心理系是在社会科学学院，有些就在“Arts and Science”(文理学院)里。

颜晓川：为什么会有这个差异呢？

周仁来：因为心理学是一个交叉学科。它是自然科学加社会科学，甚至还加人文学科。所以，我们心理学里有认知心理学、认知神经科学、生理心理学。这些肯定是自然科学为主的。但是我们心理学也有社会心理学、经济心理学、消费心理学，这些肯定是社会科学。还有一些类似于艺术心理、写作心理等，可能就稍带了一点人文色彩了。但是总的来说，心理学是以自然科学和社会科学的性质为主的。

颜晓川：从本科的教学内容来说，这些都会有覆盖的？

周仁来：对。

5. 人文性质

心理学具有部分的自然科学性质。这部分性质使得心理学和其他自然科学，例如物理、化学、生物等学科具有一定的相似性。但是，正如周仁来教授所指出的，心理学也具有一定的社科和人文性质。那么，心理学的人文性质有哪些体现呢？其中一个体现，就是心理学概念的相对的柔性。周仁来教授举出了心理学里的一个核心概念：意识。在讨论中，我们也逐渐发现这样的核心的心理学概念，本身具有的类似人文概念的柔性和扩展性。

周仁来：举个很小的例子，你在睡觉的时候，你是有意识还是无意识？

颜晓川：这就看怎么定义“意识”。

周仁来：你也可以定义。

颜晓川：如果我将意识定义为一个可以将睡觉归为有意识的概念，那么这个概念的核心要素就包括：我在梦里面可以简单地思考；如果外界刺激够强的话，我能醒过来；醒过来之后，我对之前接受的刺激，是有一定记忆的。

周仁来：那就是说你睡觉是半梦半醒的？这就是个很有意思的事儿。如果你说你无意识，就像你刚才讲的，为什么有强刺激你就能醒来呢？但是，如果你说你有意识，就说明你根本没睡着。你说你有意识，就是说你知道外边发生了什么，所以不就是说你没有睡着吗？

颜晓川：所以这个又和“睡着了”的定义有关。

周仁来：那我现在就是让你定义。睡着了是无意识吗？还是有意识？如果有意识怎么能叫睡着了呢？如果无意识你又怎么能醒来？你没发现这是一个非常有意思，非常让人纠结的事？

颜晓川：这个定义里面有一个关键的点，就是有意识就不能叫睡着了。

周仁来：所以你要界定它：究竟是算有意识，还是无意识？这就需要一个能够被大家接受的标准。

颜晓川：有这种标准吗？

周仁来：没有！大家争论了好多年了。因为你在实际行为当中，有意识行为和无意识行为，在性质界定上是根本不一样的。比如开枪，如果我是无意识走火了，和我是有意识而为之，这行为是完全不一样的。

颜晓川：那在医学上，在神经上有没有这样的一个标准呢？

周仁来：这些年不也想希望在神经上有个指标，告诉你是有意识还是没意识吗？但是没有。

我们可以看到，在没有确切的、客观的（比如上述提到的神经层面的）区分，我们关于意识的定义很多时候就不是基于科学证据，而是基于一种“约定俗成”，做出“能被大家接受的标准”。而这样基于一定程度的个体的主观性或者社会群体的主观性而形成的概念和界定，往往具有一定的柔性和扩展性。而正是因为这样的柔性和扩展性，使得会围绕这些概念和界定产生一定的争议。这种有相对较多的主观性参与的，主要基于约定俗成而非客观验证的，具有明显的柔性、扩展性和争议性的概念，在心理学中比在更纯粹的自然科学（例如物理学）里更多。而这种性质的概念，更多地在人文社科类的学科中出现。所以，这便是心理学相比于其他自然科学的一种特质。

6. 柔性思维

心理学的这一特征，其实也使得其产生了与其他自然科学不同的需求。其中一个需求，就是学生思维的柔性。就这一点，我们调研的一名从生物学（动物学）转入心理学的同学魏子晗，他就有亲身体会。

魏子晗：我转到心理学来，已经一年多了，但是现在我的思维还是不太适应。主要的原因就是心理学里面有很多东西都让我觉得有点不确定。从这点上讲，心理学和生物学这样的自然科学还是有不同的。比如说，我们在自然科学里面，要研究一个什么东西，例如要研究一块石头，或者一个分子，或者一个基因，我们都很清楚我们到底研究的是什么，因为这些东西（石头、分子、基因）都是客观存在的，清晰明了的。但是心理学就不一定了，比如说你研究创造力，但是，到底什么是创造力？你这个都说不清楚。

颜晓川：还有比如什么是智力。

魏子晗：对，智力是一个典型。心理学里经常有人研究智力，但是智力到底是个什么东西？你到底是在研究什么？如果我在动物学里面要研究一个基因，研究一个器官，那是大家都很明白的。比如你问大家，水分子是什么，大家都知道。但是你要问大家，智力是什么，那就仁者见仁了。

颜晓川：那心理学家是通过什么途径来给自己研究的对象做定义和界定的呢？

魏子晗：我这一年多来，也才慢慢醒悟过来，原来心理学的研究里面，研究的这些东西，其实很多时候没有客观的定义。很多时候，我们要做一个研究，比如研究智力，其实是通过读文献，看别人之前是怎么定义和界定什么是智力的，我们就根据其他文献的引导，来做定义。这个和自然科学里面通过客观事实来定义是有很大不同的，这也是我对于心理学最不适应的地方。

颜晓川：所以，有时候心理学里面的概念，并不一定是通过客观事实来定义的，而是心理学家这个圈子里面的一种人为的共识？

魏子晗：有这种感觉。所以心理学里面好多东西都给人有点虚，有点琢磨不透的感觉。就是你做研究的时候，你研究的这个东西到底是什么！

实际上，虽然心理学倾向于招收高中偏理科的学生，但是纯自然科学思维的学生不一定最为适合学习心理学。心理学具有的人文特质，例如魏子晗提到的“说不清楚”“仁者见仁”“没有客观定义”等，是需要学生具有一定的人文性的思维能力，才能很好地应对和处理的。如果没有人文性的思维模式，不能柔性地思考、组织和运用概念，则会在心理学的学习过程中长期无法完全适应，无法进入最佳状态，就如魏子晗所说的“这是我对于心理学最不适应的地方”。实际上，通过对多位心理学的拔尖创新人才和普通学生的对比调研，我们发现，这一维度的学科适配，是一个学生是否有较大潜力成为心理学的拔尖创新人才的重要决定因素。

7. 个体特征

心理学的一个核心的功能，是对个体的特征进行了解、分析和对比。我们在对不同的人文社科的学科领域进行调研后发现，这个功能是心理学的一个看家本领。较多的其他的社会科学学科，例如社会学、人类学，主要关注群体的特征和差异。例如人类学会关注回族和维吾尔族在仪式上的差别；社会学会关注城、乡人群之间的差异❶。相反，只有心理学（包括社会心理学）将关注点和分析的基本单位，放到个体的层面。而心理学的这一特点和功能，最终成了心理学毕业生的一项核心竞争力与就业的敲门砖。只要是需要对不同的个体进行评价、区分、筛选的领域，大都能看到心理学毕业生的身影。所以，心理学专业的毕业生的主要去向，也体现了心理学的这一学科特质。

颜晓川：心理学毕业生主要的去向是？

周仁来：现在心理学的就业就这么几块，首先是各大公司的人力资源部。现在各大公司在人员招聘上都开始倾向于采用科学的方法，所以人员的招聘、面试、绩效考核，都需要依赖心理学的指标。

颜晓川：比如分析一个人的个性和能力特征？

周仁来：看看招聘的过程，看看应聘的简历。一方面是硬件，就是需要比如本科毕业、研究生毕业、年龄、性别，有什么证。这些是硬件。而软性的几乎全是心理学，比如团队合作意识、进取心、协调能力，这不都是心理学吗？绩效考核也是，我怎么样考核你，怎么样调动你的积极性，怎么样评价你，对你是公平合理的，这不也是心理学吗？

颜晓川：除了人力资源部门，社会上还有其他地方对心理学有需求？

周仁来：对，现在国内已经有不少专门做心理测评的公司。

颜晓川：这些测评主要是哪些方面的？

周仁来：和人力资源部门的东西差不多，但是这些公司更多的是开发一些产品，或者进行专业化的测试。你刚才说的人格测试、能力测试都是。也有一些定制化的教学产品的开发，也需要心理学。

颜晓川：心理咨询也需要能帮助了解个体差异的工具？

周仁来：对，心理咨询也是一块。因为教育部现在要求每所大中小学都要配备心理咨询和心理辅导老师，所以我们的毕业生，这一块也去了一部分。除了大中小学，还有公立医院的心理门诊部门，以及私人的心理咨询机构，也去了一些。

周仁来教授指出了心理学毕业生的三大最主要的去向：人力资源、测评工具、心理咨询。而这三大去向，都对心理学中对于个体特征的分析、分类和对比的理论和工具有一定的需求。所以，从人才选拔的角度来看，如果一个学生对自身或他人的个体特征有较高的关注和较强的兴趣，那这个学生的兴趣导向，在学科的应用层面，就与心理学较为达成一致。而这种一致性，会对其在心理学里的长期发展提供助力。

❶ 这些学科的基本的分析单位，不是个体，而是群体。

8. 特征案例

在上一节中，我们的讨论提到了，学生对个体特征的关注，可以来自自身，也可能来自他人。一个对自身或他人的个体特征（个性、能力等）长期关注的学生，是在兴趣导向上与心理学相适配的学生。这里，周仁来教授举出了有关“记忆能力”的例子，作为学生可能会感兴趣的个体特征的一个案例。

颜晓川：关于个体特征，您有什么有意思的例子吗？

周仁来：你们MIT和咱们国家有一个合作，实际上就是把MIT等一些大学的课程开放给国内的一些大学。这个项目把它们网上的课都给翻译过来了，我翻译了不少的课，都是你们MIT的。这些课中，很大一部分讲的是记忆。

颜晓川：您有关于记忆能力的例子？

周仁来：有个小例子比较好。在电视广告里，老有那种记忆速成班，是吧？这些广告就说，进入这些速成班训练一下，你的记忆力就变得超级之强。而现在大众关注记忆力，是因为现在的考试很大程度上还是考记忆。全世界每年还搞记忆冠军的吉尼斯纪录大赛的挑战。所以，前段时间就有个记者打电话来，他说周老师你是做记忆研究的，你看电视上有一个报道，说是英国有一个人得了超级记忆冠军，说这个人背东西非常之厉害，比如说 π 等于 3.141 592 6……能够背好几万位。他都得世界冠军了，现场背东西背得非常厉害，但是据说他在日常生活当中，比如说今天早上起来，领带放哪去了，袜子放哪去了，他都记不住。所以这个记者问，说，周老师这不矛盾吗？

我说一点也不矛盾，为什么？因为记忆是在人的大脑当中，与不同的区域、不同的功能有关系。所以，记忆也分成很多不同的类型，要分你记什么东西。比如说你 6 岁时候过生日，谁给你过的？爸妈给你买了什么？哪个小朋友来参加？这样的东西你回忆起来难度是非常之大的。为什么？它涉及具体的时间、地点、场合，具体的细节，所以英文有个词叫 episodic memory，我们叫情节性的记忆。

再举个例子，比如美国的首都是哪儿？你知道是 Washington（华盛顿）。但是，我要问你，你怎么知道是 Washington？谁教你的？什么时候教的？你就不见得能说出来了。所以，美国首都是哪里这种，我们称为 semantic memory（语义记忆）。所以比如 3.141 592 6，这可能连 semantic memory 都算不上，它只是一个很机械的记忆。所以换句话来讲，他可能在很机械的记忆方面能力非常好，但是并不代表他在情节性的记忆方面好。这很正常。

颜晓川：除了上面这两种，还有别的类型的记忆吗？

周仁来：还有比如 perspective memory，我们称为前瞻记忆。前瞻记忆就是，你将来的事，你要记住。你要记住，比如一小时之后，你要做什么。这叫前瞻记忆。所以，其实在人的日常生活中，最有用的还是前瞻性的记忆，因为你要记住你要什么时候干什么事。

颜晓川：不同的个体在这类记忆上的能力也不同？

周仁来：所以为什么有人就能记得很清楚，有人心里就记不清楚。假如我和你约好了，下午两点你来找我，但是你没来，我会觉得你爽约了，觉得你这人没有心。但有可能你觉得很冤枉。所以我们当然就要关心一个人这种前瞻记忆的能力，什么样的人是强的，什么样的人是不强的。

颜晓川：还有其他的记忆类别吗？

周仁来：有一个记忆领域非常受关注。这个领域叫 working memory，工作记忆。你会发现，工作记忆是会参与到几乎所有的认知活动中去的。以至于现在 IQ 测试都有可能就用 working memory 的测试来替代。它太重要了，它太核心了，可能和智力的关联程度非常之高，所以你可以用它在某种程度上代表一个人的 IQ 的水平。

颜晓川：它主要是短期的记忆？

周仁来：对。但它的最大特点是一边储存一边加工。

颜晓川：所以有的人的 working memory 强，有的人弱？

周仁来：这个有意思的就在于，我们现在发现，其实 working memory 在一定程度上是可以训练的。那么这就有意义了，因为可能不少学生学习成绩不好，或者某一方面学习能力不足，可能就是因为工作记忆的不足。而如果通过训练之后，让他的工作记忆能力上来了，可能成绩就上去了。你看我办公室外面贴了一个科学通报，就是一篇我们的关于working memory的研究论文。我们训练过小学生。这些孩子在经过半年训练之后，他的IQ水平是可以上升的。

颜晓川：这个工作记忆的强弱，跟比如有些人打牌特别厉害，能记住别人出过的牌也有关系？

周仁来：对。这个例子有意思吧？

所以，从周仁来教授所讲的例子和故事中，我们可以看出，一个对个体特征（例如记忆能力）感兴趣的人，首先会关注到与个体特征有关的事件或资讯。例如，一个对于记忆能力感兴趣的学生，可能会关注到电视节目里的能背几万位圆周率的人，居然会对生活中的事物，例如袜子放哪里产生健忘的这种显而易见的矛盾。这种矛盾会促使他进行进一步的思考和探究。同时，他也可能会关注到自身和自身周围发生的与记忆能力有关的事物，比如为什么有些人会时常爽约，为什么有些人打牌的判断力更强，等等。所以，一个学生是否具有较多的从自身的生活中，从周围人的案例中，从大众媒体传播的故事中引发的关注、思考和探究，是我们判断一个学生在兴趣导向上是否与心理学相适配的关键维度。而周仁来教授讲出的例子，就是这样的关注、思考和探究的很好的例子。

9. 规律思维

我们前面讨论了，一个适合学习心理学的学生，是对个体性的特征有足够的兴趣、关注、思考和探究的。实际上，对个体（包括自身）的特征较为关注的学生很多。就如周仁来教授指出的，这种对于自身的特征的关注，是一种“不可阻挡”的力量。

周仁来：有好多高中生甚至初中生都给我发过邮件，说他们对心理学感兴趣。我有的时候开玩笑说，有不少人学心理学是因为他们本身就有病，他们希望找到一个解决自己问题的途径。虽然这是一句玩笑，但是心理学确实是了解自身的渠道。社会上好多人喜欢听心理学的课，因为人有了解自身的需求。这种需求不可阻挡。

但是，光是对个体的特征本身有关注，并不代表一个学生有学好心理学的潜力。我们对心理学拔尖创新人才的调研结果显示，在对个体特征的关注之上，学生还需要具有较强的“规律性思维”的倾向和能力，才会具有较大的成为心理学拔尖创新人才的潜力。那么，什么是规律性思维呢？规律性思维中的一个典型特例，就是关联性思维（correlational thinking）。周仁来教授在以下关于情绪（emotion）的讨论中，就明显体现出了这种思维特质。

周仁来：有一个学科叫 social cognitive neuroscience（社会认知神经科学）。其实它的核心主要是 emotion 这一块。其实 emotion 的研究，在 20 世纪初期的时候，就被广泛关注。为什么大家都重视 emotion 呢？因为几乎所有的心理上的问题，都和情绪有关。你想想看，焦虑也好，抑郁也好，强迫也好，还是恐惧症也好，是不是都和情绪有关？所以情绪实际上是个核心。而且你几乎每一天、每一个时刻，你的情绪都在发生作用。

颜晓川：那关于情绪，您想探究或知道一些什么呢？

周仁来：我们都知道，紧张时手会冒汗，心跳会加快，是吧？但是，我高兴的时候，是不是就能从我的哪个生理指标看到我是高兴了？或者，我悲伤的时候，我就看到哪个指标出现？但是现在我们还没找到这样的有特异性的指标。

这里，同样是对个体特征的关注，比如对悲伤这种情绪的关注，周仁来教授作为一个成功的心理学家，和大部分的普通学生，在思维特质上还是有一定的差异。我们在对普通中学生的调研中发现，大部分的普通学生，其对某个个体特征，例如悲伤情绪的关注，更多在于如何能够让自己更少悲伤，或者如何化解掉当前的悲伤情绪。他们从个体的感受出发，最终的思维方向和思维落点，依然是个体的感受。

相反，一个具有规律性思维的学生，他会同时关注，甚至会更加关注能从个体的感受出发来进一步看到什么样的原理或规律。例如周仁来教授最为感兴趣的，并不是如何化解掉他某时某刻的某个具体的悲伤，而是是否会有一些特异性的生理指标伴随着悲伤而出现❶。这是一个心理学家和一个普通的接受心理咨询的客户在思维特质上的差异。

实际上，我们在对心理学专业的拔尖学生的调研中发现，他们几乎都在中学阶段就具有较强的从个体观察来剖析、总结或探究规律的思维倾向。当这种思维倾向落到与人，与个体特征有关的话题上，就会形成心理学性质的思考。这种心理学性质的思考，在周仁来教授进一步的就情绪话题与我们展开的讨论中，就有充分的体现。

颜晓川：什么是特异性？

周仁来：所谓特异性，就是specific，就是说我现在高兴的时候，就是这个脑区在活动；我悲伤的时候，就那个脑区在活动。

颜晓川：所以现在在化学（激素、神经递质）上没有明确的correlation（关联性）？

周仁来：没有明确的对应。尽管也能看到，在情绪过程当中，有一些模式。但是都没有特异的模式。所谓特异的模式，就是我能反推过来，我看你的神经和化学，我就能知道你现在是什么情绪。现在我们还做不到。但是现在比原来好一些了，我们大概在fear或者是disgust上能找到一点规律，但也不是完全对应的关系。

颜晓川：现在发现了fear（恐惧）或者disgust（厌恶）有哪些神经上的关联？

周仁来：比如说，我们知道fear和amygdala❷有关系，比如说disgust和insula❸有关系，但是也不是完全唯一的关系。

颜晓川：除了神经层面，您还关注其他层面的相关性？

周仁来：所以我搞考试焦虑，搞学校恐惧症，我就会去看，是不是一到考试的时候大家才焦虑？但是我发现不是啊。考试的时候，有些人焦虑，有些人就不焦虑。那么，你能不能告诉我，为什么有些人焦虑，而有些人不焦虑呢？

颜晓川：可能和学习成绩有关？

周仁来：好，你说学习好的焦虑，还是学习不好的焦虑？结果你会发现，学习不好的不一定焦虑，学习好的不一定不焦虑；反过来也如此。

从以上的对话中，我们可以看到，作为一个成功的心理学家，周仁来教授具有极为明显的关联性（规律性）思维的特质。他对于情绪话题的讨论，例如高兴、悲伤、焦虑、恐惧，几乎都是从关联性出发的。例如，焦虑和考试之间的关联性是什么样的？焦虑和成绩之间的关联性是什么样的？这种关联性思维，是推动一个人探寻事物之间的规律和因果的基本动力。这也是区分普通的对自身有所关注的学生和有较高潜力成为心理学拔尖创新人才的学生的选拔的一个识别维度。

❶ 这种兴趣指向体现的是前述的关联性思维（correlational thinking）。
❷ 大脑中的杏仁核。
❸ 大脑中的脑岛。

10. 原理思维

在心理学的拔尖创新人才中，我们观察到，除了前述的“规律性思维”外，还有一个较为常见的思维模式，就是原理性思维。规律性思维主要捕捉的是事物之间的关联，可以说是一种大脑对于不同因素之间的函数关系的一种模拟的倾向和能力。而原理性思维是对大脑模拟出的要素之间的关系背后的机理和原因进行分析、探究的倾向和能力。规律性思维推动人去观察和提炼出相关性（correlation），而原理性思维推动人去探究、假设和验证各种相关性背后的机理和原因（mechanism 和 causation）。这两种思维的结合，构成了我们在本章第一和第二小节提到的实证的基本思维过程。周仁来教授对恐惧情绪的进一步讨论，就展示出了他的原理性思维。

周仁来：为什么有一部分孩子一提到上学，一提到老师，一提到班级，就开始难受，就开始害怕？

颜晓川：这个现象背后有一些原理？

周仁来：所以，同样的原理，是不是可以挪到一系列的事上面？比如为什么有些人到黑夜就害怕？为什么有些人看到蛇就害怕？为什么有些人走到一个空荡荡的空间就害怕？

颜晓川：有些人也怕蜘蛛。

周仁来：对。而有些人一旦周围人一多就害怕了，这种我们称为社交恐惧。为什么会有社交恐惧？前者的害怕和后者的害怕不一样，前者蛇、蜘蛛、蚯蚓、黑夜，这是自然的恐惧；但后者，比如不愿意上学，不敢说话，不敢上台表演，不敢和异性交往，这是社交的恐惧，是社会性的。我们想知道，为什么会有社会性的恐惧？为什么会有这些各种各样的情感障碍？

一般而言，规律性思维是以“什么”为导向的，例如“恐惧会伴随着什么样的生理指标出现”？而原理性思维是以“为什么”为导向的，例如“为什么恐惧会出现”，或者“为什么恐惧会伴随着这些生理指标出现”？所以，原理性思维是推进人进一步对自己观察和提炼出的规律进行解释的动力。所以，这两种思维的倾向和能力构成了实证的基本思维过程。

但是，我们也应该看到，虽然所有的实证科学都需要规律性思维和原理性思维，但是心理学作为实证科学中的一个较为特殊的分支，其所面对的实证过程也与其他的实证科学有一定的差异。其中一个差异，就在于我们在前面小节里提到的心理学的人文性。心理学的人文性体现在心理学教授和学生所说的“说不清楚”“仁者见仁”“没有客观定义”“有点虚”“琢磨不透”。因此，心理学的概念体系与物理、化学等的概念体系有一定差异：前者很大程度上基于个体和群体的主观的接受和共识。

在这种柔性、扩展性较强的概念体系的框架下进行上述的规律性和原理性的思维，有其特殊的难度。因此，能将人文性质和实证过程有机地处理好，是在心理学领域做出拔尖创新工作的一个重要能力。用一个比喻，就是能在相对柔软的地面站稳，并且在上面搭建出一些结构性的建筑，其难度比在硬质的地板上搭建同样的建筑要有更多的挑战。而这也是心理学的拔尖创新工作对学生有较高要求的一个体现。

11. 社会工程

相比于其他的实证科学，例如物理学、化学等，心理学更具有“显学”的性质。心理学的较多的规律或原理，是可以运用到解决个体或社会的问题当中去的。因此，心理学直接干预社会的案例，要比物理学等其他科学学科更多。将心理学理论或者知识运用到现实的具体场景当中去的能力，也是心理学的工作中较常需要的能力。

例如，我们在前面的小节里，和周仁来教授讨论了与情绪（例如恐惧）相关的规律（例如恐惧和生理指标的相关性）和原理（例如恐惧是如何产生的）。在总结提炼出了一定的和恐惧有关的规律，并探究发现了一些和恐惧有关的原理后，我们进一步所需要的思维，就是如何把我们所获得的规律和原理用来干预个体或群体。干预（工程）的思维，是心理学思维的核心要素之一，也是心理学区别于一些更为纯粹的自然科学的要素之一。以情绪为例，将规律和原理（科学部分）运用并设计出方法和产品（工程部分），也是心理学的分内工作。

颜晓川：这些关于恐惧、关于情绪的实证研究有哪些实际作用呢？

周仁来：所以，你看现在出了好多情绪调节的方法。很多人都有压力、焦虑，是吧？比如说现在有一种情绪调节方法叫 meditation，咱们翻译过来，可以叫“冥想”。

颜晓川：除了情绪以外，还有哪些通过心理学的规律和原理来影响社会的例子？

周仁来：比如我研究subliminal perception，翻译过来叫“阈下知觉”。这是以前的名字。现在这个现象叫perception without awareness，翻译过来叫“无察觉知觉”。

颜晓川：Perception without awareness的原理有运用到社会中去的例子？

周仁来：有。咱们公安部的交通管理部门之前出台过关于闯黄灯要罚款的政策。这个政策就是个最佳的例子。为什么后来公安部又把这个规定收回去了？因为这个规定要求，黄灯一旦亮起，你的车必须停下来。如果黄灯亮起，而你越线了，我就扣你6分。对国内的驾驶来讲，扣满12分，今年的驾照就没有用了，还要罚款。所以，闯黄灯两次，今年就不用开车了，这就是它最致命的地方。但为什么后来撤销了？一个重要原因，就是因为这个政策不符合无察觉知觉的原理。

绿灯亮的时候，你不知道什么时候，“啪”的一下，就变成黄灯了。当黄灯亮起的时候，你不一定能及时反应过来，而这就是心理学里的一个非常经典的概念，叫反应时。所谓反应时，就是你是不是能在黄灯一亮的瞬间，就让你的车停下来？有的时候，黄灯虽然亮起了，但是你是意识不到它已经亮了。这就说明你当时是在一个阈下状态（无察觉状态）。

颜晓川：就是说实际上你的眼睛虽然已经接收到黄灯的光线，

但是你的知觉还没有反应过来。扣你6分，罚款200块。有时候，你不一定能够觉察到你已经闯了黄灯了。

颜晓川：关于有没有察觉，有没有意识到，这个判定的标准很重要？

周仁来：这个判定标准，一直是一个非常难的问题，这个问题涉及什么叫 conscious（意识）。如果你是有意识的状态，你是 conscious 的，就说明你知道黄灯亮了，但你没有停止；如果你是没有意识的状态，你就是 unconscious 的，就说明你不知道。不知则不怪，是不是？但实际上，到底什么时候你是知道的，什么时候你是不知道的，这一百多年来，都没有把这问题搞清楚。没有客观的标准能够确认你现在是知道了还是不知道。

颜晓川：关于 consciousness（意识）的进一步研究的结果，会影响到社会的立法和判定。

周仁来：所以 consciousness 的研究一直是心理学当中最难，但是也非常重要的一个问题。从一个学科与社会发展之间的关系来讲，社会的应用对心理学要求越来越高，希望心理学的研究成果和社会的发展的需要结合起来，这个趋势越来越明显。

从周仁来教授所举出的例子中，我们能看到，将理论与现实相结合，需要具有几个核心的特质。第一，需要对现实问题有一定的关注。第二，需要能看到现实问题的本质。例如，在闯黄灯罚款的条例这一案例中，一个心理学的学生，如果能看到这个条例的核心实质是与心理学有关的，而不仅仅是一个交通问题，他就有可能进一步寻找到与该问题有关的心理学原理，并将其运用在解决这一问题上。

其实，我们在前面几个小节里讨论的多个思维特质，包括对人的特质的关注，人文性的柔性思维，从现象中提取出规律的能力，从规律中探索其背后的原理的思路，将发现的规律和原理运用到现实的问题中去的回归，都是心理学拔尖创新工作较为需要的特质和能力的模组。我们在调研中发现，具有这些特质和能力模组，或者在这些思维模组的某一部分中极为突出的学生，都较为有潜力成为心理学的拔尖创新人才。

12. 发展方向

我们在前面讨论的心理学的基本特质、人才需求与选拔标准，例如它的人文特征，都是针对经典的、传统的心理学而言的。但是，心理学目前有一个较为显著的发展趋势，让心理学在学科特质、方法技术和人才需求上有了一定的变化。在这一小节里，我们将与周仁来教授一起探讨心理学在这一维度上的特质、需求和标准。

颜晓川：心理学这个学科未来的发展方向是什么样的？

周仁来：从方法上来讲，现在越来越趋向于实证化。其中一个有代表性的潮流趋势就是认知神经科学。MIT 的心理学就是认知神经科学很典型的案例，在 MIT，心理学的各个分支、各个领域都受到认知神经科学的影响，所以，心理学的未来方向是心理学、认知科学和神经科学三者的结合。这是从方法上来讲。

颜晓川：从目标上讲，就是要找到心理现象的一些生理上的根源？

周仁来：就是从你的行为开始，到你的神经活动、脑活动的水平上，再到你基因活动水平上的研究。

颜晓川：现在就是觉得，前面的行为是后面这两者（神经和基因）的一种产物，对吧？

周仁来：当然了。这是没有问题的。

颜晓川：以前的心理学只是从行为上来总结一些规律？

周仁来：以前是分的。有人从生理就从生理，从行为就从行为。所以你看心理学的发展趋势，你就能看到，学派的发展，就是从以前的分的，到现在三者结合得比较紧密。用我自己的话来说，就是心理学现在外围的研究的阵地都已经基本扫清了，就逐渐开始进入攻坚战，开始进入到实质性的这种脑－心理－行为三者之间关系的研究了。现在心理学研究逐渐开始深入到对实质的脑机制的探索，所以在基础研究方面，现在是越来越深入了。

颜晓川：我了解到的美国的几个主流的心理学系，这个趋势带动了他们大部分的经费和发展。国内对于这个趋势是如何看待的呢？

周仁来：这个在国内就很有意思。一部分看得比较早的人，都把认知神经科学的方法技术开始应用到自己的研究领域当中去。还有一部分人就非常抵触，就说那样心理学还是心理学吗？还有一部分人在观望：改还是不改？跟还是不跟？国内是这么一个态势。但是显然这个趋势之明显，影响之大！国内这几年心理学的很多机构也购买了很多高端的认知神经科学的设备，也在国外一些知名杂志发表了很多文章，这和对这个趋势的跟进有很大关系。

我们对数十名期望报考心理学的中学生的调研结果显示，当前绝大部分的心理学的潜在学生对于心理学的认知，还大致停留在经典的、传统的心理学范式，也就是周仁来教授所述的国内部分心理学家所认为的“那样的心理学还是心理学吗”中的第二个“心理学”。甚至有的停留在基于弗洛伊德时期的心理学的科普故事上。这样的认知对于学生做出学科适配的判断，以及是否要进入心理学领域的学业决策，是有一定的误导性的。实际上，报考心理学的学生应该对心理学的这一“趋势之明显”“影响之大”的发展方向有足够的认知，毕竟这一方向现在已经是心理学的投入（经费）和产出（发表）的主要方向了。也是由于这个趋势，心理学的教学内容和教育模式，也发生了相应的变化。对此，周仁来教授作出了进一步的强调：

周仁来：由于这个趋势，心理学的本科生的培养，其实已经发生了很大的变化。比如，心理学里教的统计学和以往都不一样了，现在都是多元的统计，高级的统计方法。从技术手段上来讲，高端的神经科学的技术与设备使用越来越频繁，所以在学生的培养和训练上，这一趋势也十分明显。

13. 科研上手

和其他实证科学相比，心理学还有一个特点，就是“上手快”。相比于物理、化学等需要较长时间的知识积累才能理解前沿研究的学科，心理学对知识的前置要求并没有那么多。一般而言，学生在接触心理学学科体系一年到二年后，就能大致看明白前沿的心理学研究的论文。有相似性质的还有生命科学领域。这也是为什么中学生所做的理科的科研，大多是与生命科学或者心理学相关的选题的原因。就这一点，周仁来教授也有所提及。

周仁来：虽然我们没有完全统计，但是我们心理学专业的本科生，也是能发标准的论文的，我们大概一半的本科生都是我带着发的。

颜晓川：心理学的本科生也能做真正的科研？

周仁来：我在本科教学当中，会教他们实验方法。在教的过程中，我就能发现有些学生，你别看是本科生，但是潜力非常大！所以我从他们二年级时就开始培养。结果怎么样？他们到四年级的时候，比一般的硕士生都好，很快就上手了。所以我觉得本科生其实是完全做得到的。我现在有一个学生，硕士三年级了，他是本科二年级跟着我做的，他现在已经发了8篇中文的高水平论文，以及两篇英文的SCI论文了。你知道，他这个水平已经超越了我们大部分博士毕业生的水平。

颜晓川：一般是大二就能开始进入科研了。大二是不是已经学了几门心理学课程了？

周仁来：对。二年级的时候，就已经开始进行研究方法的训练了，包括《统计学》《实验设计》等课程。所以他们就一边学一边做。我们这儿的本科生，二年级上半年训练，到年底的时候，就每个人都能做实验了。到期末时还会做presentation（演示）。他们能做非常漂亮的实验。录像也有，电子版的论文也有。非常漂亮！

颜晓川：他们设计的实验，其实就跟真正的心理学的实验比较接近了？

周仁来：对，非常接近。有些比较优秀的，已经可以拿他们设计的实验，去申请个项目来做了，我们不少本科生后来的项目都是基于《实验心理学》的课程做成的。

除了科研工作以外，心理学还有较多实践的工作。例如前面小节里提到的心理学毕业生的三大主流去向（人力资源、测评产品、心理咨询）等。实际上，心理学方向的实践性的工作，也和其科研性的工作类似，具有易入门和上手快的特点。相应的，国内的高校，也开设了一些“专业硕士”，意在服务于此类的发展规划的需求。

颜晓川：如果学生读本科的时候发现自己的长处不在于学术研

究，那他们也有路径进一步在研究生阶段发展自己的职业竞争力？

周仁来：国内现在的培养体系，从本科之后开始，已经改观非常大了。国内现在越来越希望和国际上接轨。比如，研究生分成两块，一块是专业硕士，一块学术硕士。因为很多学生读心理学专业，其实并不是为了搞学术研究，或者他们根本也不适合，那么就给他们职业训练。

当然，作为科研人员，大学教授们还是期望有足够的学生能走科研道路，甚至成为科研领域的拔尖创新人才。

颜晓川：那另外那一部分学生，那些发现自己适合做科研的学生，其实从本科阶段就可以纳入这个体系来培养？

周仁来：对。这一部分学生，我们会为他们将来的学术训练做准备。我们现在越来越希望本科毕业以后，是能够连读四年五年或者六年来读研究生，这样就比较容易出一个好的东西（研究成果）来。所谓硕博连读，就是硕士达到一定标准，就免试直接去攻读博士，但它更鼓励你从本科开始就确定下来。所以针对本科的科研训练，是越来越强调了。对本科生进行掌握科学的研究方法的训练，在我们这里非常明显。

14. 主观能动

颜晓川：您对学生进行专业选择有什么建议？

周仁来：你选择专业的时候，兴趣是第一出发点。薪酬这些外在的东西，都是不断变化的，所以更重要的是，你要去自我反省，反思你到底对什么东西感兴趣。虽然你不需要一开始就把兴趣缩得那么窄，但是你总是在你的几个兴趣当中，去不断地探索下去。兴趣是第一位的。

我们现在培养的很多硕士、博士，其实说白了，为什么说他们水平不高？就是因为他们好多都不是因为兴趣而来的，而是因为说"我需要这张文凭，我也不知道能干点什么东西"。但是，如果他就是真的感兴趣，他就容易在这方面做出一些东西来。

颜晓川：深度的兴趣是最好的激励。

周仁来：我觉得兴趣是第一位的。所以无论是外部的引导、培养也好，还是学生从自己内心出发也好，兴趣都应该是第一位的。

实际上，我们对各学科的拔尖创新人才的调研，都反馈了"兴趣第一"的基本倾向。为什么兴趣如此重要呢？原因是，兴趣是主动性的基础，而主动性是科研探索的基础。

颜晓川：您认为什么样的学生很难成为拔尖创新人才？

周仁来：那种觉得只要我做完老师布置的作业，考到一定的分数就可以了的学生。或者说我为了完成这个作业，就去死记硬背的学生。这种学生是不可以的。

颜晓川：大学所需要的能力，和很多中学培养的能力差异很大。

周仁来：到了本科阶段，你应该是由知识的接受者，往知识的创造者和传播者去转折。所以你的学习方法必须从高中养成的习惯当中转变过来。再不是你考多少分的问题了。更多的是需要有自己独立的见解，能够独立地发现问题、提出问题、分析问题和提出解决问题的方法。这对学科来讲是非常重要的。几乎所有学科都一样，都要求的是这样的东西。

颜晓川：学生如何才能有自己的思想或者是自己提出问题的能力？

周仁来：第一个就是读书。这几年我们录取的学生，我经常问他们之前读了什么书。非常遗憾的是，我们的本科生都是不读书的。他们习惯于把教科书学完就完事了，多数基本不读书的。

第二就是文献阅读。现在知识更新速度太快了，你不能指望学生就学这一本书，应该是由这本书做线索，通过它来集聚大量的文献，然后去阅读它们。

第三个是科学思维的养成。我们在这方面做了不少工作。我们本科生基本从一年级就作为一个参与者进入他们师姐师兄们的研究课题。二年级就加入各个导师的科研小组当中去了。这样的方式就是希望学生能够参与到实战当中去。

颜晓川：不是漫无目的地接受和死记知识，而是有目的性地学习。

周仁来：而且在这个学习的过程中，是要提出解决问题的办法，然后和大家论证，而不是说遇到问题就问老师该怎么办？我一般的做法是，你说这是个问题，是吗？那你先说你觉得应该怎么办？哪怕你再烂，你也告诉我你是怎么想的。所以这样会让他们养成遇到问题的时候，先自己去想，然后自己提出个办法来，然后去拿这些办法和策略来向别人论证的习惯。在这个过程当中去训练自己的思维。所以，我们看重学生的什么能力？就是这种自主的、独立的能力。这种主动性对学生非常重要！所以我也总结了一些比较有潜力的学生的一些品质，其中一个就是主动性。我的这么多学生当中，我发现这一品质非常重要。

正如周仁来教授所说，兴趣是主动性的基础，而主动性是拔尖创新工作的基础。在主动性的驱使下，学生才会自发地、高质量地阅读书目、文献，而不是对知识进行被动的死记硬背。同时，在主动性的引领下，学生才会自主提出问题并创造出自己的解决方案。因此，由兴趣产生的主动性是包括心理学在内的各学科的拔尖创新工作的基础条件。在这一维度上，当前中国的中学教育还较为欠缺。正如周仁来教授所指出的，真正的拔尖创新工作，“再不是你考了多少分的问题了”，而是与主动性这一“重要品质”息息相关。所以，坚持以传统的纸笔考试的分数为主要教育目标的学校，可能会离真正的拔尖创新越来越远。